제도경제학의 시간과 공간

이 도서의 국립중앙도서관 출판시도서목록(CIP)은 e-CIP홈페이지(http://www.nl.go.kr/ecip)
에서 이용하실 수 있습니다. (CIP제어번호: CIP2009002991)

L'économie institutionnelle

제도경제학의
시간과 공간

베르나르 샤방스 Bernard Chavance 지음 | 양준호 옮김

한울
아카데미

Bernard Chavance

L'économie institutionnelle

La Découverte
9 *bis*, rue Abel-Hovelacque
75013 Paris

L'économie institutionnelle
by Bernard Chavance

신고전학파 경제학의 독점체제와
'사회경제학'으로서의 제도경제학

한국의 경제학 강단만큼 미국 편향적인 공간도 없다. 한국의 대학에서 가르치는 경제학은 주로 미국 경제학계를 지배하고 있는 신고전학파 경제학(Neo-Classical Economics)이다. 이는 '주류경제학'이라는 명분으로 대학에서 학점을 취득하기 위해 반드시 공부해야 하는 학문으로 자리 잡고 있다. 공무원이 되려고 해도 이를 공부해야 하며, 경제학 전공 교수를 임용할 때에도 이러한 주류경제학적 사고에 투철한 사람, 그리고 주류경제학의 전통이 강한 미국 대학에서 박사학위를 받은 사람이 우대를 받는다. 쉽게 말해 한국 대학의 경제학 강단에서는 신고전학파 경제학에 비판적인 이른바 비주류경제학의 전통이 강한 독일, 프랑스나 일본에서 박사학위를 받은 교수를 좀처럼 찾아보기 어렵다.

신고전학파 경제학이란 무엇인가

일반적으로 미국 편향적인 경제학, 즉 신고전학파 경제학이라고 하면, 1870년대의 멩거(Carl Menger), 발라(Léon Walras), 제본스(William Stanley Jevons)의 경제이론에 영향을 받은 피구(Arthur Cecil Pigou)의 경제학을 비롯한 미국의 통화주의자, 합리적기대형성학파가 가장 대표적이며, 뉴케인시언 등의 신고전학파총합의 경제학도 이에 해당한다.

그러면 경제주체의 합리적인 행동을 통해 경제현상을 논리적으로 설명한다는 것을 명분으로 한국 대학 강단을 지배하는 신고전학파 경제이론에 대해 간단히 살펴보자. 이러한 작업은 한국의 경제학도들이 과연 어떠한 지적 손실을 입고 있는지를 명확하게 해줄 것이다.

신고전학파 경제이론에서는 경제주체 간 상호작용이 시장에서 형성되는 가격정보에 의해서만 이루어진다는 점을 강조한다. 경제주체는 모순이 없는 효용함수와 완전한 지식을 가진 자들로서, 자신이 보유한 제한적인 자원으로 가능한 한 최대의 만족을 달성하고자 경제행위를 하며, 이러한 '합리적 경제인(homo economicus)'의 행동을 통해 모든 시장에서 수요와 공급이 일치되는 경제적 균형이 달성된다고 본다. 결국 한국의 경제학 강단에서는 자본주의 체제하에서 양적 불균형을 합리적 개인의 자유로운 행위에 의해 치

유할 수 있는 것으로 가르치고 있는 것이다. 모든 미국식 경제학에서 시장적 균형의 실현이 언제나 가능하다고 주장하는 것은 아니지만, 그러한 관점을 기준으로 이론을 구성하고 가치평가 또한 이루어지고 있다는 점은 부정할 수 없는 사실이다.

현대 신고전학파 경제학의 원형을 구축한 사람은 모든 시장에서의 균형 달성, 즉 일반균형을 이론화한 발라인데, 이러한 계통의 경제학 이론은 20세기 미국 경제학자들을 통해 수리적으로 발전되어왔으며, 미국 경제학 학계의 표준적 이론으로서 지위를 확립했다. 그리고 미국식 학문 편향 경향과 맞물리면서 한국에서는 이러한 계통의 경제학이 아니면 경제학으로서 취급하지 않는 매우 극단적인 경제학 선호가 조성되었던 것이다. 현재 우리나라 대학에서 '미시경제학'이라는 이름으로 이루어지는 연구와 교육이 바로 대표적인 미국적·신고전학파적 경제학이다.

신고전학파 경제학의 치명적 약점

이처럼 개인의 합리적 행동에만 주목하는 미국과 한국의 '주류 경제학'이 추구하는 이론 구성상의 방침은 '방법론적 개인주의'로 명명할 수 있는데, 여기에는 두 가지 치명적인 약점이 있다. 첫째, 이들은 개인의 합리적 행동에서 사회적인 합리성을 도출해내는 것을 당연시하기 때문에, 각 개인이 자기 이익을 추구하는 것이 사회 전체에 이익을 가져다준다고 보는 경제적 자유주의와 그 조화론적 관점을 견지하고 있다는 점이다. 자유로운 경제행위가 이해관계의 대립구도를 심화시킬 수 있는 가능성에 대해서는 전혀 고려하지 않는다. 사회 내부에서 심각한 이해관계 대립이 발생할 경우, '주류경제학'은 언제나 그 원인을 자유로운 경제행동을 방해하는 존재에서 찾는다. 이는 분명 경제적 대립관계에 관한 인식에 편견을 부여하는 것이다. 둘째, 이들은 환원주의적인 수리화 작업에 의해, '역사적'으로 생성된 사회구조를 그들의 이론적 틀 내에 포함시키지 못한다. 즉, 한국 대학의 경제학 강단을 지배하고 있는 경제학자들은 일국의 사회관계 및 문화적 특성을 보편적인 합리적 선택이론이 그 구체성을 견지할 수 있도록 하기 위해 사후적으로 부가되는 이차적인 조건에 지나지 않는 것으로 인식하고 있기 때문에, 경제학 이론 내에 사회적·역사적 요소를 도입하는 것을 단호하게 부정하고 있다는 것이다. 바로 이러한 강단의 한계로 인해 이 땅에서 경제학을 배우는 젊은 학생들은 불행하게도 경제사회시스템의 역사적 다양성 또는 특수성에 대해 제대로 인식할 수 없는 것이다.

장대한 동학으로서의 '사회경제학'

한국은 이처럼 미국적 경제학 또는 신고전학파적 경제학이 지배하는 데 반해, 독일이나 프랑스 등의 유럽과 일본에서는 '사회경제학(Political Economy)'이라는 이름의 경제학이 성행하고 있다. 신리카도학파, 마르크스주의 경제학, 포스트케인시언, 조절이론 등이 대표적인데, 이러한 경제학은 미국 중심의 경제학 체계, 즉 앞서 언급한 신고전학파 경제학의 한계와 문제점을 극복하기 위해 스미스(Adam Smith) 당시부터 견지되어온 경제학이 본래 가지고 있던 역사적·사회적 관점을 강조하는 학문이다. 최근에 이러한 비주류경제학을 '사회경제학'으로 명명하게 된 것 역시 앞서 거론한 신고전학파의 '사회적 관점의 결여'에 대항하기 위한 것이다. 원래 '사회경제학'이라함은 스미스, 리카도(David Ricardo), 마르크스(Karl Marx) 등 '고전학파'라 부르는 경제학자들이 경제이론을 칭하는 용어였다. 그런데 이들의 자본주의에 대한 이론 작업에서는 경제 영역뿐만 아니라 정치 및 문화 등의 비경제적 영역에 대해서도 적극적으로 인식하는 넓은 사회적 시각과 수세기에 걸친 역사적 시간을 인식하는 장기적 시각이 견지되었기 때문에, 이른바 '장대한 동학(動學)'이라 부르기도 했다.

경제학은 왜 '사회경제학'으로 복원되어야 하는가

그렇다면 경제학 이론이 왜 역사적·사회적 시각을 견지하지 않으면 안 되는지를 고찰해볼 필요가 있다. 답을 먼저 말하자면, 경제이론은 바로 '사회적 재생산' 과정을 해명하는 이론이기 때문이다.

경제학적 관점에서의 '재생산(reproduction)' 개념은 사람들의 수요를 충족시키는 상품 및 서비스의 지속적인 생산을 고려한 개념으로 볼 수 있다. 이러한 '사회적 재생산'의 관점은 18세기 후반 고전파 경제학이 성립되면서 출현한 것이다. 그러나 이는 19세기 마르크스 이전까지만 해도 명확한 형태로 정식화되지 못했다. 마르크스의『자본론』에서 보이는 논리의 핵심은 자본주의적 생산관계의 재생산에 놓여 있으며, 이는 마르크스의 유물론적 역사관의 근저에 자리 잡고 있다. 그러나 마르크스주의 경제학자들은 대부분 노동가치설에 입각한 잉여가치론을 신봉했던 나머지, 그 배후에 존재하는 이론적 관점을 곧잘 무시하곤 했다. 이 학설은 자본주의 시스템하에서 노동자가 자신에게 지급되는 임금 이상으로 장시간 노동(잉여노동)을 강제당한다는 것에서 이윤의 존재를 설명하기 때문에, 이른바 '착취론'이라고도 부른다. 이러한 관점은 자본주의 경제시스템에 대한 하나의 유력한 해석일 수 있다. 그러나 잉여노동의 존재라는 객관적 사실과 '착취'라는 용어에 담긴 윤리적 또는 정치적 평가는 구별해야 한다. 현대사회에서 가장 중요한 것은, 대립관계를 내포하며 또 여러 계급으로 성립되는 생산과 분배의 관계가 재생산되는 경제사회시스템을 이해하는 것이지, 현대 자본주의를 일방적인 '착취' 시스템으로 규정하는 것이 아니라는 것이다. 어떻든 마르크스에 의해 강조된 경제사회시스템의 '재생산'에 대한 문제 제기는 '사회적 재생산' 과정을 해명하고자 하는 현대의 '사회경제학자'들에 의해 계승되고 있다.

'사회경제학'으로서의 제도경제학

인간의 경제행위에 관한 방향을 설정하는 유력한 지표가 '합리
성'이라는 점은 틀림없다. 한국 경제학 강단에서 주류경제학으로
군림해온 신고전학파 경제학은 합리성을 개인의 머릿속에 있는 것
으로 파악하며, 완전한 합리성이 존재한다고 가정한다. 반면에 '사
회경제학'을 지향하는 제도경제학은 개인에게 시야 및 계산 능력
의 한계가 있다고 보고 한정된 합리성만 존재하는 것으로 파악한
다. 제도경제학은 이러한 합리성이 개인의 머릿속뿐만 아니라 사
회에서 '제도화된 절차'로서 존재하는 것으로 인식한다. 신고전학
파 경제학의 중심적 연구 과제는 다양한 제약 조건하에서 희소 자
원을 어떻게 효율적으로 배분할 것인가 하는 문제인데, 이때 자원
의 효율적 배분 메커니즘으로서 '시장 메커니즘'을 강조한다. 시장
의 기본적 조정 방식은 어떤 시대적·공간적 배경하에서도 늘 동일
한 '가격 조정'으로 인식된다. 반면 제도경제학은 사회경제시스템
전체가 어떻게 안정적으로 재생산되는가 하는 문제에 초점을 맞춘
다. 이 문제와 관련해, 자원은 대부분 희소성을 가진 것이 아니므로
노동 등의 투입량을 증대하면 수요에 맞게 생산량도 늘릴 수 있다
고 인식한다. 또 시장의 주요 기능은 다양한 제약 조건을 극복하는

혁신(이노베이션)과 같이 경제주체에 대한 압력을 가하는 점에 있다
고 인식한다. 시장의 조정 방식은 시간적 흐름에 따라 변화하는
것으로 파악되어 가격 조정뿐만 아니라 공급량의 변화에 따라 수
요량과 공급량 사이의 차이가 조정되는 이른바 '수량 조정'에도
주목한다. 또한 '시장에 의한 조정'뿐만 아니라 '제도에 의한 조정'
도 자본주의 동학 과정에 중요한 역할을 하고 있음을 강조한다.

한국 경제학 강단은 학생들을 몰역사적 인재로 만들어낼 우려가 있다

사회적·역사적·재생산적 관점을 중요시하는 '장대한 동학'으로
서의 경제학은 미국의 경제학이 지배적이지 않은 유럽 및 일본 등
의 대학 강단에서 성행하고 있다. 결국 이 나라들의 대학생은 경제
영역뿐만 아니라 정치 및 문화 등의 영역을 고려한 폭넓은 사회적
관점과 수세기에 걸친 역사적 시간을 고려한 장기적 관점에 서서
경제시스템을 관찰하고 있는 것이다. 이들과 한국의 학생들을 비
교해보라. 한국의 경우, 일반 기업에 취업해 외국 시장을 조사할
경우에도 상사에게서 경제사회시스템의 다양성과 특수성에 대한
이해를 강요당하는 것이 현실이지 않은가. 비단 학문의 다양성을
위해서만이 아니라 한국의 경제학도들을 경쟁력 있는 인재로 육성
하기 위해서라도, 비현실적인 전제 조건에서 출발하는 환원주의적
신고전학파 경제학을 상대화하고, 경제시스템을 다양한 각도에서

고찰할 수 있는 '강단 인프라'를 구축해야 할 것이다. 그러지 않는다면 한국의 경제학도들이 현실 세계와는 전혀 무관한 시장조사만을 해대는 '몰역사적' 인재로 전락되는 것을 더는 막을 수 없을 것이다.

'Institutions matter'

'제도가 중요하다'는 점은 1970년대 중반 이후 경제학에서 주류 또는 비주류에 관계없이 경제시스템을 분석하는 데 제도의 중요성을 강조하는 경제학자들이 공유해온 인식이다. 이러한 인식하에서 제도의 '발견' 또는 '재발견'을 통해 제도경제학이 새롭게 재생된 이후 지금까지 약 30년간은 그야말로 제도주의적 경제학의 전성기라 해도 과언이 아닐 것이다. 그러나 한국의 경제학 강단에서는 '제도'를 강조하는 경제학을 이른바 '이단파 경제학'으로 규정하면서 늘 무시해왔다. 이 책의 원문은 앞서 검토한 '사회경제학'을 지향하는 여러 경제학 중에서 경제시스템 분석을 위해서는 제도에 대한 분석이 필수불가결하다는 인식을 가지고 있는 '제도경제학'의 다양한 문제의식과 접근방식에 대한 입문서이다. 역자가 원문을 번역하게 된 것 역시 경제시스템 분석에서 '제도가 중요하다'는 인식을 가지고 있었기 때문이며, 신고전학파 계통의 경제학에 경도되어 있는 한국의 경제학 강단에 '이단파 경제학'과 관련한 매우 적극적인 토론 소재를 제공함으로써, 경제학도들은 더욱 다양한 경제학을 학습하고 경제학자들은 자신이 누려왔던 경제학을 한번쯤 '상대화'하여 자신의 영역에만 매몰되어 경제학에 대한 독단과 독선에 빠지는 것을 어느 정도 막을 수 있을 것이라는 확신이 있었기 때문이다. 물론 주류경제학자들이 강조하는 '차가운 머리'로 '제도경제학'과 관련한 입문 소재를 접할 때만 가능한 일이겠지만 말이다.

감사의 글

마지막으로 이 책을 번역하고 탈고하기까지 역자가 은혜를 입은 분들께 감사의 말씀을 드린다. 먼저 이 책의 번역을 권유해준 조절이론의 중심인물인 프랑스 EHESS의 로베르 브와예 씨와 일본 교토대학교 경제학부 우니 히로유키 교수에게 감사드린다. 또 역자의 부족한 번역문을 자신의 작업과 같이 꼼꼼하게 검토해준 삼성경제연구소 최인철 박사, 금융경제연구소 이종태 연구위원, 고용정보원 권우현 박사, 경북대 김영용 박사께 충심 어린 감사의 뜻을 전한다. 이분들은 이 책의 번역뿐만 아니라 평소에도 제도경제학에 대한 역자의 일천한 문제의식에 깊이를 더해주신 분들이다. 그리고 역자의 연구실에서 번역 작업과 관련한 지원을 아끼지 않았던 인천대학교 경제학과 대학원의 강철구 군에게도 각별한 고마움을 전한다. 그가 임하고 있는 '사회경제학'으로서의 행동경제학에 관한 연구에 심심한 격려의 뜻을 표하고 싶다. 아울러 역자의 제도경제학 관련 연구 및 작업을 언제나 격려하고 응원해주시는 인천대학교 경제학과의 전광일 교수님께 진심으로 감사드린다. 이분의 제도경제학에 관한 관심이 없었더라면 역자의 번역 작업은 물론이거니와 제도경제학 연구 역시 불가능했을 것이다. 끝으로 한국 사회에서 '이단파 경제학'으로 취급되고 있는 제도경제학 관련 번역서의 출판에 흔쾌히 응해준 도서출판 한울과 편집부 최규선 씨에게도 감사의 마음을 전하고 싶다.

2009년 9월 14일
송도 연구실에서
양준호

경제학에서의 제도주의 계보

제도경제학은 하나의 이론적인 계보로 생각할 수 있다. 이것은 경제학 연구에서 제도를 중시한다는 명제를 공유하고, 나아가 제도를 본질적인 고찰 대상으로 설정한다. 제도경제학은 신고전학파 경제학과 같이 경제분석에서 제도를 고려하지 않아도 된다든지, 제도는 오히려 정치학이나 사회학 또는 역사학 등 다른 학문에서 다루어야 한다고 하는 여타 경제이론과 구별된다.

19세기 전반에 걸쳐 지배적인 영향력을 행사한 영국의 고전파 경제학은 경제와 관련된 여러 제도에 관심을 기울였다. 예를 들어 계급 형성을 규정하는 소유제도나 국가법의 바람직한 경계와 그 본성 등의 문제에 관심을 쏟았다. 그러나 최초로 경제시스템에 대한 제도적인 접근을 이끌어낸 것은 고전파 경제학에 대해 이의를 제기한 독일의 역사학파나 미국의 제도학파와 같은 조류였다. 독일의 역사학파 및 미국의 제도학파의 국제적인 영향력이 강했던 시기는 19세기 후반부터 20세기 초반까지 약 30년간이었으며, 특히 미국에서 그러했다. 미국에서는 학회에서도, 뉴딜정책 때도 제도학파의 반향이 컸다. 한계효용이론으로 주류경제학의 입지를 굳히고 있던 오스트리아학파도 당시에 이미 독일 역사학파와의 논쟁을 통해 제도적인 차원을 발전시키고 있었다.

그러나 1940년 이후 미국을 중심으로 '신고전학파'가 압도적인 국제적 주도권을 확립해 제도주의의 유산이 거의 완전히 상실되고 말았다. 결국에는 신고전학파의 경제학 방법론이 20세기 전반을 지배했는데, 이 방법론이 천착하는 경제학의 주제는 시장이다. 이러한 경제학은 합리적이고 계산적인 이성을 지니며 효용주의적인 개인의 행동에 바탕을 둔 균형이라는 용어를 사용해 추론을 진행하고, 주로 효율성에 관심을 쏟는다. 여기에서는 제도의 여러 가지 문제, 즉 경제 과정의 역사적 차원이 극단적으로 과소평가되며 때로는 완전히 소거된다. 제도라는 주제는 많은 분야에서 — 예를 들어 노동경제학이나 노사관계의 경제학, 대기업의 분석 및 개발경제학에서 — 그 중요성이 지속적으로 증대해왔는데, 이런 상황에서도 주류경제학인 '신고전학파'가 20세기 후반 기본적으로 또 의도적으로 제도를 무시했다고 해도 결코 과언이 아니다.

그렇지만 20세기의 마지막 20년 동안에 다양한 경제이론 간의 복잡한 관계가 서서히 변화하기 시작했다(Hodgson, 1994). 그리고 미국에서 탄생한 활력이 넘치는 '신제도학파 경제학'이 신고전학파의 전통을 이어 나타났지만, 여러 가설과 관련해 신고전학파와 선을 긋고 제도의 중요성을 강조했다. 예를 들어 소유권 또는 시장과 기업 간의 계층적 위계와 같은 대체적인 '거버넌스 양식'에 분석의 초점을 맞추는 등 제도의 중요성을 강조했다. 그리고 같은 시기에 최초의 제도학파('구제도학파 경제학')의 쇄신이 이루어졌다. 이러한 쇄신은 미국에서 처음 일어나기 시작해, 특히 유럽에서는 진화론과 같은 몇몇 혁신적인 조류가 제도주의적 전통과의 연관성을 분명히 드러냈다. 더불어 앞에서 언급한 오스트리아학파의 부활을 들 수 있다. 이는 세기말 신자유주의로의 대전환에 의해 초래된 것으로 볼 수 있다. 이러한 여러 가지 변화는 오랫동안 침체되어 있던 제도경제학을 다시 활성화했다. 분명 이러한 진전은 역사적인 상황과 관계가 있다. 1980년대 이후 자본주의 세계에서 벌어지고 있는 거대한 제도 변혁과 사회주의 시스템의 위기, 그것에 이은 시장경제로의 전환, 그리고 발전도상국 경제의 눈에 띄는 다극화와 같은 격변이 경제학에서 제도 분석의 중요성을 절감하게 해주었다. 균형의 패러다임이나 경제시스템의 시간적·공간적 다양성을 부정하는 방법론적 입장으로는 결코 이러한 제도 분석을 해낼 수 없다. 신고전학파 계열의 연구 계획이 어느 정도 한계에 부딪히는 동시에 제도주의적 접근 방법이 쇄신되면서, 신고전학파는 자신의 방법과 개념을 다양한 제도의 문제에까지 확대하려 하고 있다. 주지하고 있는 바와 같이 공공선택론, 소유권이론, 법경제학이론, 입헌주의 경제학, 계약이론, 대리인이론 등이 대표적인 예이다.

이렇게 해서 21세기 초반에는 제도의 역할에 대해 경제사상의 다양한 조류 사이의 이론적·방법론적 대립이 큰 폭으로 재편되었다. 최근에는 경제에서 제도가 중요하며 제도를 고려하지 않으면 안 된다는 새롭고도 광범위한 합의가 성립되고 있다. 제도주의 딱지가 붙은 경제학자는 불과 20~30년 전만 해도 찬밥 신세였다. 하지만 최근에는 오히려 제도주의가 유행하고 있다. 물론 경제학에서 방법론과 개념상 차이는 여전히 중요하지만, 다양한 경제학 조류 간의 경계, 특히 정통과 이단 간의 경계가 다시 정의되기에 이르렀다. '경제사상의 빈곤'이라는 오늘날의 상황에서 '제도를 중시하는 경제학'이라는 같은 밭을 일구는 다양한 조류의 활력은 매우 유용한 것이라고 할 수 있다(Chavance, 2001).

이 책은 제도경제학의 다양한 조류에 대한 입문서라고 하겠다. 다시 말해 경제이론의 내부에서 제도경제학의 계보를 구성하는 논자나 조류에 대한 이해를 심화할 수 있는 계기를 부여하고자 하는 것이다. 물론 이 책만으로 제도경제학의 모든 것을 알 수 없다. 책 끝에 열거한 참고문헌을 참조하여 제도경제학에 대한 이해를 심화하기 바란다. 이 책은 주요 논자 및 조류에 초점을 맞추는 방식을 택했다.

제1장에서는 제도주의의 원조를 거론할 것이다. 역사학파의 슈몰러, 미국 제도학파의 베블런, 해밀턴, 커먼스, 그리고 글로벌 경제위기 이후 주목받고 있는 폴라니를 다룰 것이다. 제2장에서는 오스트리아학파의 멩거와 하이에크, 나아가 오이켄의 질서자유주의에 대해 고찰해볼 것이다. 미국의 신제도학파 경제학은 제3장에서 거론될 것이다. 여기서는 윌리엄슨과 노스의 저작과 함께 게임이론을 언급한 두 사람의 논자(아오키 마사히코와 그라이프)를 다룰 것이다. 제4장에서는 현대 유럽의 몇 가지 조류, 즉 조절이론, 콩방시옹학파, 그리고 호지슨의 진화론적 제도주의를 거론한다. 마지막으로 제5장에서는 제도경제학의 계보와 영역 내부의 다양성 및 통일성에 관한 문제를 논할 것이다.

차례

제1장

제도주의의 원조

1. 슈몰러와 독일 역사학파

슈몰러(Gustav von Schmoller, 1838~1917)는 독일 신역사학파의 중심
인물이다. 제도주의 조류 내에서는 정당하게 평가되지 않는 측면
도 있으나, 그는 제도주의의 주요 원천임이 틀림없다. '국민경제학
(Volkswirtschaft)'적 접근법을 채택하는 슈몰러는 프로이센 국왕과 같
은 계몽군주가 주도하는 사회 개혁을 옹호했다. 따라서 그는 맨체
스터학파의 자유주의[1]나 사회주의에도 반대했다. 경제사상사에서
슈몰러가 곧잘 언급되는 것은 무엇보다도 경제학 방법에 관해 멩
거와 벌인 논쟁[2] 때문인데, 그의 사상은 그 후에 희화되어 망각되

---

1) 역주−영국의 19세기 자유무역 운동을 주도한 급진적 고전 자유주의. 그
   거점이었던 반곡물법 연맹이 맨체스터에 있었다.

는 경우가 많았다.

1) 제도와 기관

슈몰러는 『정치경제학원리(Grundriss der allgemeinen Volkswirtschaft-lehre)』(1900~1904)에서 다음과 같이 주장한다. 다양한 국민경제와 다양한 시대에 대한 정치경제학적 비교 연구는 자연적·기술적인 여러 조건과 더불어 '제도와 기관(organs)'[3]에 초점을 맞추지 않으면 안 된다. "사회경제시스템에 대한 인식에서 기관과 제도에 관한 연구는 마치 신체 연구에서의 해부학과 같은 것이다." 가격과 유통 문제에 집중하는 전통적인 정치경제학은 "사회경제시스템에 관한 분석이 해부학에 의해 선도되지 않고 경제적 체액만을 연구하는 생리학과 같은 것"이다(Schmoller, 1900: 156).

"정치적·법적·경제적 **제도**를 통해 우리가 이해할 수 있는 것은 공동체 생활의 특정한 지점에서 포착된 사회구조이고, 그것은 공동체의 특정 목적에 부합되는 형태로 작동하며, 사회경제시스템의 고유한 존재 양식 및 발전 유형을 구축하는 것이자 몇 백 년, 몇 천 년에 걸쳐 세대 간에 전승되는 행동의 양식이나 틀로서 기능하

---

2) 역주-1880년대에 독일 역사학파와 오스트리아학파 사이에 경제학의 방법을 둘러싸고 전개된 논쟁. 독일 역사학파는 역사적 경험을 통한 귀납적인 방법을 주장했고, 오스트리아학파는 연역법을 주장했다.

3) 역주-여기서 '기관'이라는 단어는 '조직(organization)'의 개념에 가깝다.

는 것이다." 예를 들어 소유, 노예, 농노, 결혼, 시장, 화폐, 산업의
자유와 같은 것이 그것이다(Schmoller, 1900: 149). 따라서 제도는 "습
관과 도덕규범, 관습과 법 등의 총체로서, 공통의 중심 또는 공통의
목적을 두고 서로를 지탱해 하나의 체계를 만들어낸다". 기관의
개념(또는 유기적 구성의 개념)은 제도의 개념과 곧바로 연결된다.
"기관의 구축을 통해 우리가 이해할 수 있는 제도의 인격적인 측면
이다. 결혼은 제도이고 가족은 기관이다. 다양한 사회적 기관은 특
정 목적을 위해 인격과 물질이 얽혀 결합되는 항상 존재하는 형식
이다. 사람, 가족, 사회, 동업조합, 협회, 자치체, 기업, 국가, 이것들
은 사회생활의 기본적인 기관이다"(Schmoller, 1900: 150).

역사상 최초의 기관은 부족, 씨족, 가족과 같은 공동체 기관이다.
이들에는 본래 다양한 목적이 존재했다. 이들의 목적은 종류별로
분리되어 다른 여러 사회적 기관을 만들어냈다. 공익을 목적으로
하는 공적 기관(촌락, 도시, 국민국가의 여러 조직)이나 이윤을 추구하
는 사적 기업이 그것이다. 문화가 발전하는 것과 동시에 여러 종류
의 기관도 확대된다. "거의 모든 경우 자연발생적인 기관과 더불어
사람들의 의지에 따라 생겨나는 기관이 나타난다"(Schmoller, 1900:
150).[4] 사회가 복잡해질수록 "사람은 더욱더 많고 다양한 사회적
기관의 구성원이 될 가능성이 높아진다. 사람은 때로는 항시적으

---

4) 멩거는 동일한 시기에 자생적으로 (다시 말해 유기적으로) 형성된 제도와
   의도적으로 (즉 실용주의적으로) 구축된 제도를 구별하고 있다.

로, 때로는 일시적으로, 때로는 전면적으로, 때로는 자기의 부분적인 이익을 위해서 이러한 기관에 소속된다"(Schmoller, 1900: 151).

각 기관의 내부에는 지배-종속의 관계 또는 동료 관계가 필요하다. 그러나 대규모 기관에서는 개인보다 상위에 군림하는 권위가 존재하며, 이러한 권위는 기관의 구성원이 교체 또는 교대되어도 그대로 유지된다. 그리고 이러한 권위가 존재함으로써 기관은 지속성을 온전히 유지해나갈 수 있다. 슈몰러는 방법론적인 시각에서 다음과 같이 지적하고 있다. "(사회의) 총체, 사회의 질서, 사회의 일반적인 방향을 고찰할 경우에는 개인뿐만 아니라 여러 사회적 기관을 고려해야만 한다"(Schmoller, 1900: 132).

2) 제도, 자유와 진보

슈몰러는 국가와 법 또는 사회와 경제에 관한 여러 종류의 과학이 제도와 유기적 구성(기관)을 과대평가하거나 과소평가하는 일반적 경향을 보인다고 지적했다. 중상주의와 독일 관방학파(17~18세기에 독일과 오스트리아에서 발전한 중상주의적 경제학, 행정학, 재정학의 체계로서 군주 중심의 부국책을 핵심으로 하는 독일의 중상주의-역주)는 홉스와 같은 사상가나 프리드리히 2세(1740~1786년 재위한 프로이센 국왕)와 같이 제도, 국가, 법을 특별히 중시했다. 그런데 프랑스 대혁명은 이러한 독일 관방학파의 접근 방법을 뒤엎는 계기가 되었다. 자유주의 학설은 국가와 국가 제도를 개인과 개인의 자유로 대치했던 것이다. 그러나 이러한 개인주의적 자유주의는 시대에 뒤떨어진 제도를 거부하는 것을, 지속적으로 유지되는 제도를 전혀 신경 쓰지 않아도 되는 것으로 혼동했다. 분명 많은 영역에서 제도를 대신해 계약을 중시하게 되었지만, 계약과 더불어 "새로운 유기적 구성(기관)과 사회적 제도가 대량으로 생겨났다". 이러한 변화는 반가워해야 할 일이다(Schmoller, 1900: 155). 그리고 슈몰러는 사회주의가 자발적인 제도와 자발적인 유기적 구성(기관)을 과대평가하고, 더욱이 사회민주주의 이념을 바탕으로 현재의 국가와 국가의 여러 제도에 대해 공상적인 방식으로 거부했다고 말한다.

슈몰러는 제도가 장애가 아닌 자극이 될 수 있는 사회 상태를 바람직한 사회 상태로 보았다. "그러한 사회 상태하에서는 불변의 제도와 모든 개인적 힘의 자유로운 작용이 올바른 상호작용을 통해 서로 보완된다. 그러한 사회에서 제도는 아무런 이유도 없이 활동의 자유를 억누르지 않으며, 오히려 바람직한 발전 방향으로 이끌어준다"(Schmoller, 1900: 155). 이렇게 슈몰러는 결국 제도에 대해 오히려 긍정적인 견해를 제시한다. "다양한 활동을 합리적이고 올바르게 영위하기 위한 최선의 방법은 몇 세기에 걸쳐 축적된 경험과 영지로부터 찾아낼 수 있다는 격언을 구체화하는 객관적인 방법은 바로 제도이다."(Schmoller, 1900: 155). 확실히 경제의 역사적 진보의 특징은 물질적 재화의 양이 더욱 풍부해지는 것이지만, 그럼에도 역시 "그러한 진보가 이루어지는 것은 제도가 개선되거나 유기적 구성이 끊임없이 복잡한 구조로 발전할 때뿐이다"(Schmoller, 1900: 156). 경제가 극적으로 진보하는 시대는 제도가 개선되는 시대이며, 새로운 기관이 창조되는 시대이다. 예컨대 동업조합, 노동조합, 주식회사, 기업연합, 근로자에게 적용되는 노동입법, 보험조직 등에 의해 자본주의 경제가 양적으로 팽창했다는 점은 누구도 부정할 수 없다.

3) 관습과 법

슈몰러는 도덕과 관습 그리고 법 사이에는 본질적인 관계가 존재한다고 보았다. 관습이란 습관이나 실천과 관계있는 것으로, 그것은 도덕 감정에 매개되어 관례로 전환된다. 저마다의 관례를 설명해주는 것은 생활 관습의 역사이다. "그것은 수많은 이념과 다양한 원인이 상호작용함으로써 만들어지는 복합화된 결과이다. 도덕적 판단과 감정, 물질적인 욕구와 목적, 전통 예식, 종교적 환상, 허위적 이념, 인과관계에 대한 정확한 인식, 개인과 사회에 유익한 것에 대한 인식 등이 모두 서로 협력하여 이러한 결과를 불러오는 것이다"(Schmoller, 1900: 123). 제도의 양의성에 대해 이와 비슷한 명제를 미국의 제도학파에서도 발견할 수 있다.

관습의 규칙이나 생활 습관의 중요성은 경제생활에서 본질적인 것이다. 경제생활을 이해하기 위해 물질적·기술적·수량적인 측면에만 초점을 맞추어 인식하는 이는 "경제생활의 특정 측면을 규정

짓는 요소들을 정확히 파악할 수 없다". 역사적으로 법(jus)은 그것
이 제정된 이래 관습(mores)과 구별된다. 법은 법이 정하고 합리화
한 일정한 규칙에 권력의 승인을 부여한다. 하지만 관습의 영역은
형식적인 법의 영역에 비해 더 많은 사람에게 그리고 더 많은 곳에
적용된다. 더욱이 관습의 영역에는 형식적인 법과는 달리 특정한
집행인이 없는데도 그러하다. 인간의 활동 영역에는 대부분 관습
과 법이 공존한다. 혼인, 가족생활, 거래관계, 경제조직, 사회적 인
간관계, 정치활동에는 "관습적 실천과 법이 존재한다"(Schmoller,
1900). 관습적 명령을 뒷받침하는 것은 여론이고, 법적 명령을 뒷받
침하는 것은 국가권력이며, 도덕적 명령을 뒷받침하는 것은 의식
이다.

　일반적으로 도덕은 관습이나 법보다 유연하다. "법과 관습이 경
직되면 그에 대한 적응력은 언제나 시간이 지날수록 상실되어간다"
(Schmoller, 1900: 129).

　미국의 제도학파가 발전시킨 몇 가지 중요한 주제는 이렇게 20
세기 초반 슈몰러로 대표되는 독일의 신역사학파로부터 제기되었
다. 역사적 접근과 이론적 방법을 통합하려 했던 노력과 관련해서
도 그렇게 볼 수 있으며, 특히 제도와 조직의 관계, 제도의 자생적
형성과 의도적 형성의 구별, 관습과 형식적 법의 관계, 제도가 지식
을 형성함과 동시에 무지를 형성한다는 생각과 관련해서도 그렇게
볼 수 있다.

2. 베블런의 진화론적 제도주의

베블런(Thorstein Bunde Veblen, 1857~1929)은 '제도의 진화에 관한 경제학적 연구'의 중심인물 중 한 명이다. 그는 보통의 수준을 뛰어넘는 인물로, 그의 사상을 정확하게 이해하는 데는 매우 진지한 노력이 필요하다. 그는 독창성이 넘치는 놀랄 만한 역량의 저작을 남겼다.

1) 비'다윈'적 이론들의 오류

기존의 경제이론들에 대한 베블런의 기본적인 비판은 이러한 이론들이 '다윈 이전적(以前的)' 성격을 지닌다는 것이었다. 베블런에게 다윈주의는 단순히 생물학적 진화론일 뿐만 아니라, 특히 '진화론 과학'의 일반적 모델을 의미했다. 진화론은 19세기 말에 이미 수많은 학문에 영향을 끼쳤으나, 다만 경제학은 예외였다.

베블런은 '신고전학파'라는 용어의 창시자이다. 그는 특히 이 용어를 통해 마셜(Alfred Marshall)의 '근대화된 여러 고전적 개념'에 특징을 부여한다. 베블런에게는 마셜에 대한 비판적 함의를 담고 있는 이 용어는 나중에 '신고전학파'의 논자들에게 채용된다. 베블런이 '경제학'의 지배적 조류에서 나타난 일정한 변혁과 방향 전환 같은 이론적 노력을 완전히 무시한 것은 결코 아니었지만, '신고전학파'라는 용어를 통해 강조한 것은 고전파와 19세기 말의 여러

논자(나아가 20세기의 여러 논자)와의 연속성이었다(Veblen, 1899~
1900).[5] 그는 영국의 고전학파에 대해 이들이 목적론적인 측면을
강조하며 진보적이라 자칭하는 가설을 세우고 효용주의적이라며
비판했다. 나아가 이들이 규범적인 접근과 사실에 대한 분석을 혼
동하고 있다는 점에 대해서도 비판했다. 고전학파의 전통은 특히
'분류학적'이며, 여러 범주를 분류하는 단계에 머무르고 있다. 그

---

5) 주의해야 할 것은 케인스가 '고전학파'라는 표현을 사용한 것은 고전학파
   와 우리가 통상 '신고전학파'로 특징짓는 논자들을 함께 가리키는 것으로
   서, 베블런과 마찬가지로 이 두 개의 전통 사이의 연속성을 강조하기 위한
   것인 데 반해, 마르크스주의자 및 포스트케인시언은 고전학파와 신고전학
   파 간의 단절을 강조했다는 점이다.

것은 조금도 '발생론적'이지 않고 진화론적이지도 않으며, 스스로 의 규범적 견해를 정당화하기 위해 경제의 원초적 조건과 단계를 억지로 쥐어짜 낸다.

신고전학파의 논자들에 대해 말하자면, 표면적으로는 진화론을 언급하지만, 경제법칙적 균형을 중심으로 고찰하는 발상 때문에 정태적인 접근 방법에 속박되어 있어, 불투명하고 비목적론적인 '누적적 인과관계(cumulative causation)'[6]의 시점에 입각하여 사고하 는 것이 불가능하다. 그러나 베블런은 이 시점이야말로 다윈 이후 의 진화론적 과학의 토대임을 강조한다. 신고전학파의 논자들은 여러 경제적 조건이 만들어내는 갖가지 제약에 고착되어 제도의 변화에서 발생하는 인간 활동의 누적적인 변용이나 다양화에 주목 하지 않는다(Veblen, 1898: 177). 제도적 요인들은 "여건에 따라 고려 되거나 부정되며, 또는 그것들에 대한 설명이 학문 외적 영역으로 내던져진다"(Veblen, 1909: 233). 주목해야 할 점은 '경제학'에서 제도 를 제외하는 신고전학파의 이러한 자세가 베블런의 논의를 통해 명확해졌다는 것이다.

한계효용학파의 공리주의(베블런은 이를 쾌락설이라고 불렀다)에 대한 베블런의 비판은 특히 유명하다. 공리주의적인 접근에서는

---

6) 역주-복수의 요인 간에 작용하는 상호 강화 작용을 통해 이것들의 여러 요인의 변화가 병행적·누적적으로 진행되는 것. 누적적 인과연관이라고도 한다. 더 자세한 내용은 '8) 누적적 인과관계' 부분 참조.

인간을 '쾌락과 수고를 순식간에 판단할 수 있는 자'라고 본다. "이러한 계산 능력을 지닌 인간은 자극의 충격을 받아 공간을 이동하지만 전혀 상처를 받지 않으며, 행복해지려는 욕망에 따라 동일한 형상과 동일한 운동 패턴을 보이는 균질적인 혈구와 같이 변동한다. 이처럼 완전한 계산 능력을 갖춘 개인에게는 조상도 없으며 후손도 없다. 그는 고립된 궁극의 인간적 여건일 뿐이다. 개인은 다양한 방향으로 이동시키는 여러 힘에 관한 것을 제거하면 안정된 균형 상태에 있다." 개인은 능동적인 과정을 택하는 존재가 아니라 여러 외적 힘의 작용으로 움직이는 수동적 존재이다(Veblen, 1898: 73). 오스트리아학파의 근본적인 오류는 영국의 경제학자들과 같이 '불변하며, 수동적이고, 비활성화된 인간 본성'을 가정한다는 것이다(Veblen, 1898). 공리주의적이고 합리적인 호모 이코노믹스가 현대 세계의 지배적인 상(像)이 되었다고 가정한다 해도, 호모 이코노믹스가 과연 어떠한 진화와 선택적 적응의 과정을 거쳐 그러한 존재가 되었는가 하는 것은 여전히 설명이 필요하다.

요컨대 베블런이 당시의 경제이론에 대한 비판을 통해 정식화하고 선행적으로 거론한 것은 20세기 경제사상의 지배적 조류에 관한 여러 비정통적 방법론에 입각한 재검토이다. 특히 다음과 같은 몇 가지 규범적 가설이 20세기 경제사상에 미친 부정적인 역할을 문제시했다. 즉, 물리학과 역학을 모델로 삼아 균형을 중심에 두는 구상, 즉 무엇보다 우선 변화에 관심을 가지고 진화론적 과학에서 착상을 얻는 견해와의 대립 관계를 문제시했다. 그리고 합리적 계산자로 환원되어 오직 개인적 효용의 관점만을 지닌 개인의 선호가 외생적이고 변하지 않는 것이라는 점도 비판했으며, 마지막으로 현실 경제 과정에서 제도가 지닌 본질적인 역할을 무시하는 것도 문제시했다.

2) 마르크스와 역사학파의 한계

베블런은 마르크스의 사상에 큰 영향을 받았으면서도, 빈번하지는 않지만 마르크스에 대한 비판도 명확하게 정식화해놓았다. 그는 마르크스가 계급투쟁론에서 합리주의적이며 공리주의적인 관점을 견지해버리고 말았다고 비판한다.

마르크스는 각각의 계급이 자신의 고유한 이해(利害)에 따라 합리적인 방법으로 행동한다고 간주했다(Veblen, 1906: 441). 그러나 다원적 접근 방식으로 보면, 노동자계급의 이해가 노동자계급을 자본가계급에 대립하도록 이끈다는 보증은 어디에도 없다. 그 반대로 노동자는 오히려 "스스로 고용주에게 종속되도록 하는 교육을 받음으로써"(바꿔 말하면 사고 습관의 결과로), 종속적이며 불평등한 분배를 동반하는 기존의 시스템을 공정하고 완전한 시스템으로 받아들인다. 나아가 베블런은 개인이 오직 사회적 존재라는 마르크스의 명제에 반대하는데, 이 명제를 따르면 개인이 사회적 법칙의 매개자에 지나지 않게 된다는 이유에서이다. 말하자면 그는 마르크스주의의 역사 개념, 특히 자본주의의 개념에서 신헤겔주의적인 목적론이 작용하고 있다는 것을 강조한다. 그리고 그것을 낭만주의적 또는 다윈 이전적이라고 불렀다.

베블런은 각종 데이터를 열거해 산업발전에서 나타난 일들을 서술할 뿐 제대로 된 경제이론을 제공하고 있지 않다며 독일 역사학파의 기술적(記述的) 접근 방식 역시 비판한다(Veblen, 1898: 58). 아이러니하게도 이러한 비판은 나중에 제도학파 자신이 부정되는 근거로도 사용된다. 그러나 베블런은 이러한 비판이 들어맞는 것은 특히 '구(舊)역사학파'라고 보았다. 이에 반해 슈몰러의 연구는 '발생론적' 성격을 지닌 다윈의 이론적·진화론적 제도주의에 적극적으로 다가선다. 그것은 더 이상 헤겔적이라고 할 수 없다. 그러나 슈몰러의 한계는 그의 이론적인 고찰과 사회 개혁에 대한 관심의 차이를 명확하게 구분하지 않는다는 것이다(Veblen, 1901a).[7] 그렇지만 슈몰러와 신역사학파가 베블런의 사상과 더불어 좀 더 일반적으로는 미국 제도학파의 사상에 끼친 영향은 매우 크다고 할 수 있다.

3) 경제 분석을 위한 진화론적 과학

베블런은 후에 미국의 제도학파를 특징짓게 되는 중요한 요소

---

7) 베블런의 역설 중 하나는 암묵적인 규범적 자세가 베블런 자신의 저작에서 결코 드물지 않게 나타난다는 점이다. 베블런은 분명히 커먼스와는 반대로 모든 개량주의적 관심을 무시하고 있다.

중 하나를 명시적으로 기술했다. 그것은 제도에 부여된 중심적인 위치와 또 무엇보다 먼저 경제 변화의 과정을 고찰하는 진화론적 접근 방식과의 결합이다. 그는 '사고의 관습'이라는 개념을 미국의 실용주의(pragmatism) 철학(제임스, 듀이)에서 차용하여 이 개념을 통해 제도를 정의하고 있다. 그리고 일반적 이론과 일반적 방법론으로서 해석된 다윈주의를 바탕으로, 특히 스펜서(Herbert Spencer, 1820~1903, 만물의 유기적 진보를 진화의 법칙으로 해석한 사회진화론을 주창한 영국의 철학자-역주)의 영향을 받아 '진화'라는 비목적론적 범주를 채용했다.

그래서 베블런은 19세기 말 무렵, 경제학이 아직까지는 진화론적 과학이 되지 못하고 있다고 강조한 것이다. 진화론적 과학이란 다시 말하면 누적적 인과관계[8]를 바탕으로 한 이론으로서, 궁극적 목적이나 최종 지점을 설정하지 않고, 토대가 되는 어떤 기원에서 출발하지 않는 연속적인 과정 또는 연속적인 전개를 고찰하는 이론이다. 그 반대로 (자연)법, 균형, 교란 요인 등의 전통적 개념들은 여러 사물 간의 정상적 관계에 관한 '경제적 분류학의 체계'에 활용되는 것에 지나지 않는다(Veblen, 1898: 67).

---

8) '누적적 인과관계(또는 누적적 인과연관)'의 개념은 영(Allyn Young), 칼도어(Nicholas Kaldor), 뮈르달(Gunnar Myrdal)과 같은 제도학파의 영향을 받은 경제학자들에 의해 포지티브 피드백(positive feedback) 또는 수확 체증의 이념과 결부되어 다시 채택되고 확장되었다.

진화론적 경제이론은 경제활동을 대상으로 하지 않으면 안 된다. 분명 개인의 생활은 '목적론적인 방법으로 전개되는 활동', 바꿔 말하면 목표를 정해놓고 영위하는 활동을 의미하지만, 이 활동이 변하지 않는 것은 아니다. 개인의 경제활동은 "누적적인 방법으로 변화하는 목적에 수단을 적응시키는 누적적인 과정이다. 목적은 과정이 추구되면서 변화하고, 당사자나 당사자의 환경도 언제나 이러한 과정이 초래하는 결과이다"(Veblen, 1898: 75). 이미 정해진 궁극 목적으로 향해 가는 '정통적인 경향'이 존재할 수 있다는 발상, 환언하면 고전학파나 신고전학파 경제학의 규범적인 목적론적 접근 방법은 진화론의 사상과는 정반대이다. 진화론은 "과정 그 관점 자체로 정식화된 경제적 제도의 누적적인 연쇄에 관한 이론"이기 때문이다(Veblen, 1898: 77). 즉, 제도의 변화는 장기적 경제 변동에 내생적인 것이라는 의미이다.

베블런에 따르면 근대 과학의 '발생론적 방법'은 '발전을 추동하는 여러 힘과 연속성'을 다루며, "성과가 어떻게, 왜 실현되는지를 찾아냄으로써 그 성과를 이해하려고 한다. 목적이라고 하는 것은 사회의 여러 현상을 이론적 구조 내부에서 인과관계적 관점에서 조직하는 것이다"(Hodgson, 2004: 152에서 재인용).

4) 제도의 본성과 기원

일반적으로 사회, 특히 경제는 제도 진화의 총체이다. 그러므로 베블런이 구축하고자 했던 진화론적 경제학은 제도에 초점을 맞춘다. 제도는 사회적 공동체에서의 지배적인 사고와 행동 습관이다.[9] 이러한 관습의 본질적 성격은 사회적 진화에 비해 상대적으로 관성(외부의 힘이 작용하지 않는 한 상태가 변하려 하지 않는 성질)이 크다는 점이다. 제도는 과거에 형성되어 과거로부터 계승된다. "그것은 과거의 여러 조건에 적응한 산물이다. 따라서 제도는 현재의 요청에 완전하게 대응하지는 않는다"(Veblen, 1899: 126). 그렇다고 해도 제도 자체는 생활 속의 관습적 행동에서 발생한다. "하지만 사고의 습관은 생활의 습관에서 발생한다. 일상생활에서 규율은 개인의 교육의 방향을 의도적으로 규정하는 것이든 아니든 사람들의 생활을 통해 계승된 제도를 수정하거나 강화하는 효과가 있다"(Veblen, 1901b: 121).

5) 본능과 습관적 행동(habitude)

제도의 형성, 다시 말해 사고 습관의 형성은 진화의 다양한 수준 간, 그리고 다양한 시간 규정 간 복합적 상호작용의 결과이다. 더욱 근본적인 수준은 본능의 수준, 즉 계승된 유전적인 성향이다. **본능**

---

9) 이러한 제도 정의는 베블런의 저작에서 가장 빈번하게 나타난다. 제도 개념은 사적 소유, 유한계급, 단혼 가족, '화폐제도'와 같은 극히 다양한 현상에 널리 적용된다. 이는 앞선 역사적 상황에서 구축된 사고 관습이 그러한 현상의 기초에 존재한다는 것을 의미한다.

> ## 베블런의 '본능'
>
> 베블런이 사용한 여러 종류의 용어는 다양한 번역어를 만들어냈다. 그것들 가운데 두드러지는 것을 살펴보자(〈 〉안 용어는 역자가 채용한 번역어이다. 김성균 옮김, 『유한계급론』, 우물이 있는 집, 2005를 참고했다).
>
> ### 집단에 유익한 본능
> Instinct of workmanship〈제작 본능〉, 노동자 본능, 직인(職人) 본능, 숙련노동 본능, 효율적 노동 본능
> Patental bent〈친성(親性) 성향〉, 인류에 대한 배려, 집단정신, 공동체 감각, 사회적 공감의 본능, 군집 본능
> Idle curiosity〈무사무욕(無私無慾)의·무상(無償)의·비효용적인 호기심〉
>
> ### 집단에 유해한 본능
> Predatory for emulation, Invidious emulation〈경쟁의 성향〉, 적대 본능, 스포츠의 투쟁 본능, 서열화를 통해 사람을 비교하는 성향
> Self-regarding instinct〈자기고려형의 본능〉

은 인간의 오랜 생물학적·사회적 역사를 통해 습득되어왔다.[10] 베블런에 따르면 이러한 여러 가지 형태로 구분될 수 있는데, 한편으로는 상호 의존하고자 하는 바람직한 성향을 발휘해 사회 전체에 이익이 되도록 작용하기도 하지만, 다른 한편으로는 서로 결합하려는 유해하고 불확실한 성향을 띠기도 하며, 집단의 이익과 대립하는 방향으로 작용하기도 한다. 본능의 이러한 두 집합은 역사적인 도식에 따라 서로 영향을 주고받거나 상호 간에 "악영향을 주고

---

10) 본능 및 습관적 행동에 관한 이론을 통해 베블런에게 영향을 준 인물은 제임스(William James)와 맥도걸(William McDougall)이었다.

받는다".

진화의 제1의 수준(본능의 수준)에서는 중심적인 대립이 제작 본능과 약탈 본능 사이에 있다. 진화의 제2의 수준은 **관습적 행동**의 수준으로, 특정한 역사적·물질적 상황, 특히 기술적 상황에서 형성되는 사고와 행동의 방식이다. 관습적 행동은 본능적 성향을 표현하는 동시에 그것을 수정하는 것이다. 관습적 행동은 제도의 토대를 이룬다. 제도는 진화의 제3의 수준으로 간주할 수 있다. 그래서 "인간생활의 관습적 행동과 관련한 요인들은 언제나 누적적인 방식으로 변화한다. 이것들은 끊임없이 증식하는 제도의 발전을 이루어낸다. 제도적 구조가 늘 변화하는 이유는 여러 문화적 여건의 틀이 변화하면서 생활의 규율이 변경되어 이것에 제도적 구조가 반응하기 때문이다. 그러나 인간의 본성은 본질적으로 동일한 그대로이다"(Veblen, 1914: 12).

6) 베블런의 이항대립론과 이원론

베블런 연구자들은 대부분의 경우 본능이 기술과 제도 사이에서 수행하는 두드러지는 상호작용을 **이항**(二項)**대립론**이라고 부른다. 기술은 그 원천을 효율적인 노동과 무사무욕(無私無慾)의 호기심을 향한 성향에 두고 있어서 변화하기 쉽고 또한 매우 동태적인 것이다. 제도는 기술보다 관성이 크고 변화에 대해 저항력이 강하다. 이러한 발상은 마르크스의 생산력과 생산관계 사이의 변증법을 상기시킨다. 하지만 몇 가지 중대한 차이가 있다. 마르크스는 역사를 생산력과 생산관계가 조응하는 시기와 대립하는 시기가 끊임없이 교대되면서 진보하는 것으로 보았다. 그것은 시스템의 동태에 상반되는 결과를 초래할 때도 있다. 그리고 생산력은 기술보다 넓은 의미의 개념으로, 다양한 자연 조건, 노동자의 능력, 생산조직 등을 포함한다. 생산관계는 제도와 비슷한 개념이나, 생산적 영역에 한정되어 있다는 점에서 제도와는 구별된다. 미국 제도학파의 몇 사람, 특히 에이리스(Clarence Edwin Ayres, 1891~1972)는 후에 베블런의 이항대립론을 더욱 견고하게 하여 활동의 기술적인 측면과 '의례적인' 측면의 대립으로 보편화했다.

그러나 베블런의 이론에는 이원적 대립도 다수 존재한다. 이러한 이원적 대립의 궁극적 토대는 여러 본능의 대항이다. 이미 말한 바와 같이 본능은 두 개의 대립적인 집단에 속한다. 특히 제작 본능은 약탈 본능과 대립한다. 이러한 두 가지의 기본적인 성향이 다양한 제도적·역사적 상황하에서 끊임없이 다양한 형태로 표현된다. 베블런은 끊임없는 진화 단계의 도식에서 이러한 제도적·역사적 상황을 요약하고 있다.[11] **원시적 미개의 단계**에서는 제작 본

---

11) 여러 진보적 단계를 바탕으로 하는 진화의 도식은 독일 역사학파의 특징 중 하나이다. 하지만 이 도식은 또 다른 예로 스미스나 마르크스에서도 볼 수 있다. 19세기를 지배한 역사적 진화주의는 많은 경우에 합목적적이고 목적론적인 경향을 가지고 있다.

능이 간단한 기술로써 충족된다. 그 이유는 생존의 필요성이 선택의 작용을 통해 생산적인 노력을 강화하기 때문이다. 기술이 진화해 잉여 가치를 생산하게 되면 약탈이 우위를 점하는 **야만의 단계**로 들어선다. '반(半)평화애호적인' **직인(職人)적 생산단계**인 후기 단계는 직인 간의 자유경쟁을 특징으로 하는데, 이 단계에서는 약탈의 경향이 쇠퇴하고 제작 본능이 쇄신된다. 마지막으로 근대 자본주의에 정합적인 **기계의 시대**에서는 숙련노동에 대한 지향에 비해 약탈이 다시금 우세해진다. 그러나 제도의 진화가 비목적론적 성격을 띠는 동시에 자연법칙이나 규범적인 법칙이 계속 부재하기 때문에, 베블런은 본능의 이러한 대항이 최종적으로 어떠한 방향으로 전개될지 예측하는 것을 스스로 터부시하고 있다(Veblen, 1899, 1914).

다양한 이원론의 작용은 자본주의에서 전형적으로 나타나는 산업과 기업 경영의 대립에서 정점에 이른다. 베블런은 자본주의에 대규모 기계 산업을 바탕으로 하는 시스템, 이윤을 위한 투자를 바탕으로 기업 경영의 원리에 따라 움직이는 시스템이라는 특징을 부여한다. 이러한 자본주의 시스템하에서는 산업적인 요인과 금전적인 요인(또는 기업 경영적인 요인)의 대립이 발전한다. 전자는 물질적 서비스 또는 '실용성(serviceability)'을 추구하는 실천적 과정을 지향하며, 후자는 교환가치를 궁극 목적으로 한다. 금전 충동이 발견되는 금전적 차원은 제작 본능이 그 어떤 영역보다도 먼저 나타나는 산업 활동과는 대립된다.

그러므로 "경제구조를 형성하는" 자본주의의 여러 제도는 "금전 획득과 산업 생산이라는 경제활동의 두 개의 서로 대립하는 목적 중 어느 쪽에 공헌하는지에 따라" 배열된다. 이렇게 배열된 제도는 "금전적 제도와 산업적 제도"로 규정할 수 있으며, "경쟁심을 바탕으로 하는 경제적 이익에 도움을 주는 제도와 경쟁심에 바탕을 두지 않는 경제적 이익에 도움을 주는 제도이다. 전자의 범주는 기업 경영과 관계가 있으며, 후자는 산업과 관계가 있다(Veblen, 1899: 136~137).

그러나 기계화가 만들어내는 (특히 노동자와 기술자에게서 보이는) 실용주의적인 관습과 규율은 인과관계적 사고를 발전시키고 자연법칙에 입각한 전통적 관점과 대립함으로써, 사회주의화의 경향을 자극하고, 사적 소유를 구식의 제도로 치부해 문제시한다(Veblen, 1904, 1921).

7) 제도의 진화

따라서 베블런은 본질적으로 동태적인 기술과 본능 및 습관적 행동 사이의 상호작용을 주장한다. 이러한 상호작용이 제도의 진화와 제도에 대한 선택의 기초를 결정한다. 이는 19세기의 직선적인 진보주의적 진화론과는 구별된다. 그 이유는 베블런이 제도적 관성과 전통적 특성의 유지를 강조하기 때문이며, 나아가 보다 선진적인 사회의 기술을 차용할 가능성이나 진화의 몇 가지 단계들을 뛰어넘는 가능성을 강조하기 때문이다(독일 제국에 관한 저서나 일본에 관한 기술이 그러하다). 특히 그는 모든 목적론을 거부함으로써 진보주의적 진화론과는 구별된다.

경제활동과 관련한 사람들의 다양한 요구는 특히 어지러울 정도로 빠르게 전개되는 기술 변화가 요구하는 '규율'의 작용으로, 다음과 같이 끊임없이 변화한다. 사고와 행동의 습관이 형성되고, 다양한 사회적 합의가 상호작용함으로써 서로를 강화시킨다. 그리고 그러한 사회적 합의가 사회생활의 다양한 영역에 넓게 퍼지고 법에 적용되어 일정한 지속성과 관성을 획득한다. 이러한 제도는 '습관적 행동의 확장'을 의미한다. "문화의 성장은 습관화의 누적적 연속이다. 문화가 차용하는 다양한 방법과 수단은 영속적·누적적으로 변화하는 경제활동과 관련한 사람들의 다양한 요구에 대한 습관적 행동의 반응이다"(Veblen, 1909: 241).[12]

제도가 낙후되면 다음과 같은 일이 일어난다. "사람들이 절망을 느낄 수밖에 없는 불안정한 제도적 상황에서 탈출해 본능적이라

---

12) 노스의 표현을 차용해 비공식적 제도와 공식적 제도를 둘러싼 논의의 단서를 다시 정식화하면, 공식적 제도는 비공식적 제도를 정식화한 결과로서 제시된다는 것을 알 수 있다. 그래서 습관적 행동과 관례는 법으로써 규범화되는 것이다. 『유한계급의 이론』에 따라 강조해야 하는 것은 소유가 본원적인 제도라는 점이다.

할 수 있는 날카로운 통찰력을 통해서 스스로의 존재를 구원할 수 있었던 사례보다 생활과 문화에 관한 미련하고 어리석은 제도가 승리를 거두는 사례가 훨씬 많은데, 이러한 사례가 언제 어디에서나 발견되고 있다는 것은 역사가 증명해주고 있다"(Veblen, 1914: 16). 베블런이 제기하는 것은 제도에 관한 본래적으로 회의적이고 비판적인 견해이다. 그러나 그는 동시에 제도가 경제와 사회에서 본질적인 역할을 수행하고 있다는 것을 강조한다.

8) 누적적 인과관계

누적적 인과관계의 개념은 베블런의 진화론적 제도주의의 핵심이다. 이 개념은 시간의 비가역성과 연속적 전환의 누적적 성격을 특징으로 하는, 변화에 대한 연속적 접근 방법을 의미한다. 20세기 말에 진화경제학자들이 전개한 제도적 궤도(제도 변화의 시간적 경로-역주) 또는 진화의 경로의존성(path dependency)[13] 등과 같은 여러 개념은 베블런의 개념을 확장 또는 재발견한 것으로 볼 수 있다. 자기 강화[시스템 내부에서 정(正) 또는 부(不)의 피드백이 작용하는 것-역주] 또는 수확 체증(투입을 증가시키면 그 증가율 이상으로 산출이 증가하는 것-역주) 등의 보조적인 개념 역시 그 원조는 베블런의 문제의식이라 할 수 있다. 베블런의 접근 방식은 분명히 (에드거·모

---

13) 역주-어떤 시점 이후의 발전 경로가 그 이전 발전 경로의 영향을 받는 것. 초기 상태에 따라 나중의 발전 경로가 정해져 버리는 것.

런의『방법』의 표현을 빌리자면) **재귀적 인과관계**에 상응하는 것이기 때문이다. 재귀적 인과관계란 인과관계에 대한 단선적이고 결정론적인 발상(원인 → 결과)과는 달리 원인에 대한 결과의 반작용을 통해 정의될 수도 있다.

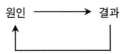

이러한 인과관계의 형식이 나타나는 것은 제도가 앞서 말한 바와 같이 진화의 대상일 뿐만 아니라 선택 요인이기도 하다는 명제에서이다. 베블런은 이 명제를 개인과 제도 간의 관계에 적용함으로써, 방법론적 개인주의 및 방법론적 전체주의(또는 집단주의)와 선을 긋는다. 제도는 개인의 행동에서 발생한다. 그러나 이번에는 제도가 개인적 행동의 조건이 된다. 그 결과 개인에게만 초점을 맞추는 방법론적 환원주의와 제도에만 초점을 맞추는 방법론적 환원주의 모두 거부될 수밖에 없다. "제도적 구조의 성장과 변화가 발생하는 것은 집단 구성원 개개인의 행동에서부터이다. 이는 제도가 습관화를 통한 개인의 경험에서 만들어지기 때문이다. 그러나 제도는 이와 같은 개인의 경험에 대해 강한 규정성을 발휘하여 개인의 행동 목표와 궁극적인 목적을 유도하고 정의한다"(Veblen, 1909: 243).

과학적 탐구는 "개인의 행동을 다루지 않으면 안 된다. 그것은 그 이론적 성과를 개인적 행동과 관련한 것으로 표현해야 한다"
(Veblen, 1909). 개인적 행동의 분석에서는 심리학적 메커니즘을 고
려해야 한다. 그런데 심리학적 메커니즘은 제도의 작동과 연결되
어 있다. "오늘의 상황은 선택적이고 강제적인 과정을 통해, 사물
을 바라보는 인간의 습관적인 사고방식에 작용함으로써, 내일의
제도를 규정짓는다. 이런 식으로 과거로부터 계승된, 사물을 바라
보는 방식 또는 태도를 수정하거나 강화한다"(Veblen, 1899: 126). 호
지슨이 강조한 것처럼 베블런에게 개인의 '선호'는 개인적 행동에
대해 설명할 수 없고 외부적이며 따라서 결국 신비적이라 할 수
있는 여건이 아니라, 제도의 진화적 역할을 통해서 내생화된다
(Hodgson, 2004).

9) 제도의 진화론적 선택

베블런이 다윈의 진화 개념을 단순히 차용하는 것은 아니다. 그
는 다윈이 생물학의 영역에서 활용하는 '자연선택'의 개념을 제도
론의 영역에 대입한다. "사회구조의 진화는 제도에 대한 자연선택
의 과정이었다……. 제도 그 자체는 단순히 보급되어 지배적인 유
형으로 작용하는 태도나 습성을 형성하는 선택적이고도 적응적인
과정의 결과인 것만은 아니다. 제도는 이와 동시에 인간생활과 인
간관계의 특정한 체계이므로 이번에는 제도가 선택을 낳는 요인으
로 작용한다"(Veblen, 1899: 125). '자연선택'의 이러한 특이한 과정,

다시 말해 무의식적이고 비목적론적인 선택적 구분의 과정은 '더욱 적절한 선택'(이것은 스펜서가 도입한 개념이다)이 전혀 아니다. 다시 말해 그러한 과정이 최적의 제도를 가져오는 것은 결코 아니라는 것이다. 이는 제도적 관성의 영향으로 생활의 필요성이 급속하게 변화하는 상황에 대해 제도의 선택적 적응이 언제나 빗나가기 때문이다. 베블런은 제도 일반에 대해 주로 비판적이고 회의적인 견해를 보인다. 특히 '유한계급'과 같은 '비생산적이고 불필요한 제도'에 대해서는 더욱 그렇다고 할 수 있다. 그래서 그의 견해는 사회적 다윈주의[14]의 명제와는 대조적이다. 19세기 말 사회적 다윈주의는 (사회적인) 선택을 완전화 또는 최적화하는 절대적인 과정으로 해석하는 것이었다. 이러한 해석은 다윈의 구상과는 무관하다.

제도는 선택 과정의 대상이기도 하지만, 또 다른 수준에서 그것은 선택의 요인이 되기도 한다. 제도의 이러한 이중적인 성격은 개인 그 자체의 변화(이를테면 적응)에 끼치는 제도의 영향을 설명해준다. "변화하는 제도는 다음 기회에 더욱 적합한 기질을 타고난 개인들을 새로 선발하는 데 도움을 줄 뿐만 아니라, 새로운 제도의 형성을 통해 개인의 기질이나 습관을 계속해서 변화하는 환경에

---

14) 역주─다윈의 진화론에서도 특히 자연선택, 적자생존 등의 개념을 인간 사회를 설명하는 데 가져다 쓴 이론으로, 나치즘이나 우생학에도 영향을 끼쳤다.

더욱 확실히 적응시키는 데에도 기여한다"(Veblen, 1899: 125). 그러므로 여기서 찾아낼 수 있는 것은 사회 환경의 변화와 제도의 형성 및 선택의 복합적인 공진화(供進化)[15]와 상호 결정이다. 그것을 제도의 '변증법'이라고 부를 수도 있다. 하지만 베블런 자신은 이 표현이 헤겔적이라는 이유로 거절할지도 모른다. 이 변증법은 인간 본능의 더 깊은 수준과 상호작용하면서 전개된다. 다시 말해 대립으로 가득 차 있기는 하지만, 역사적인 차원에서 보면 더 안정된 수준과 상호작용한다.

3. 해밀턴: 제도학파 경제학

해밀턴(Walton Hamilton, 1881~1958)은 베블런에게 많은 영향을 받은 경제학자로, 전쟁 기간의 미국에서 제도학파 경제학을 옹호한 중심인물이다. 그의 교육은 제도학파 경제학의 보급에 크게 공헌했다. 그의 제자들은 상당수가 뉴딜정책기나 제2차 세계대전 후에 국제연합(UN) 및 국제노동기구(ILO)에서 매우 큰 역할을 했다.

1) 제도학파 경제학을 위하여

해밀턴은 미국 경제학회의 1918년 연차 총회 보고에서 주로 캐

---

15) 역주 - 서로 다른 종 간에 관계를 주고받으며 함께 진화하는 현상.

넌(Edwin Cannan), 베블런, 미첼(Wesley Clair Mitchell), 홉슨(John Atkinson Hobson)을 인용하면서 '제도학파 경제학'이라는 표현을 처음으로 사용했다(Hamilton, 1919). 그는 애덤 스미스 이래 지배적 조류를 이루던 주류경제학에 대해 제도학파 경제학의 접근 방식을 대치시킨다. 제도학파 경제학은 몇 가지 결정적인 논점에서 '신고전학파 경제학'보다 장래성 있는 이론인 것을 알 수 있다. 먼저 제도학파 경제학은 경제학 전체를 통일할 수 있다. 그 이유는 제도학파 경제학이 경제조직을 일반적인 조건에서 기술함으로써 "화폐, 보험, 기업금융과 같이 각기 다른 특징이 존재하는 산업계 전체의 양상을 설명하기" 때문이다. 다시 말해 제도학파 경제학은 각 부문에서의 다양한 특징이 더 넓은 총체 안에서 발휘하는 기능을 강조함으로써 그러한 특징의 성격을 명확하게 규정한다. 제도학파 경제학은 '통제(control)라는 근대적인 문제'를 논의한다. 그 이유는 제도가 자연현상이라기보다 오히려 변혁 가능한 사회현상임을 분명히 하기 때문이다. 또 제도학파 경제학은 의식적으로 영위되는 개인의 활동이 관행이나 사고에 의해 통제된다는 것을 강조하기 때문이다.[16] 제도학파 경제학은 경제이론의 진정한 대상이 제도라는 것을 강조한다. 제도학파 경제학이 강조하는 것은 '과정'이지 '균형'이 아니다. 경쟁, 소유, 가격 메커니즘 등의 제도는 "다른 제도와의

---

16) '통제'라는 주제는 그다지 베블런적인 것이 아니다. 그것은 오히려 커먼스가 집단적 행동의 개념과 함께 제기하고 있다.

관계에서 일어나는 변화에 의해, 또한 제도 내부의 미묘한 변화에 의해" 발전 과정에서 발견된다. 말하자면 제도학파 경제학은 인간 행동에 관한 설득력 있는 이론을 바탕으로 하고 있다. 즉, 이 경제학은 신고전학파 경제학의 합리주의적인 개인주의나 희화화된 공리주의 대신, 자극이나 본능이 수행하는 역할을 특히 강조하는 근대의 사회심리학을 참조한다. 제도학파 경제학은 개인의 행동에 차이를 불러일으키는 주원인을 제도적 상황의 다양성에서 찾는다.

해밀턴에게 제도학파 경제학은 이미 완성된 것이 아니라 계속 발전되는 이론체계이다. 제도학파 경제학은 고전학파, 신고전학파, 오스트리아학파, 사회주의파가 이루어낸 중요한 업적에 반대하려는 것이 아니라, 이들을 한 시대의 다양한 문제에 적응하는 경제질서의 이론으로 편입하려는 것이다(Hamilton, 1919).

2) 사회적 관례와 습관적 행동

해밀턴은 베블런의 발상을 계승하여 제도의 개념에 대해 탁월한 정의를 내린다. 제도라는 것은 "사회적 관례의 총화"이다. 제도는 "매우 빈번하고 지속적인 사고와 행동 방식"을 가리키며, 이러한 사고와 행동의 방식은 "집단의 습관적 행동이나 사람들의 관습에 내재되어 있다"(Hamilton, 1932: 84). 제도는 절차, 관행, 약속, 관습과 같은 의미이다. "제도는 인간 활동 전반에 한계를 정하고, 그것에 형식을 부여한다." 문화란 다양한 제도의 총화를 의미하며, 각각의 제도는 행동의 유형을 결정하고 하나의 활동이나 그것을 보완하는 여러 활동의 허용 범위를 정한다. 해밀턴이 제시하고 있는 제도의 사례를 보면 제도의 개념은 매우 넓은 의미를 지녔다는 것을 알 수 있다. 그가 거론하는 것은 코먼로(common law),[17] 고등교육, 문예비평, 운동경기, (제재를 동반하거나 금기를 부과하는) 도덕규범과 같은 비공식적 관습의 총화와 나아가 정부, 교회, 대학, 기업, 노동조직 등 지시를 내리고 벌칙을 가하며 구성원에 대해 권위를 행사하는 공식적인 조직이다. 그는 화폐경제, 학교교육, 연쇄점, 종교원리주의, 민주주의, 물물교환, 매장, 신앙, 단식, 근로 활동, 결혼 또한 제도로 규정한다.

베블런이 본질적으로 제도에 대해 비판적으로 해석한 것에 비해, 해밀턴은 제도의 관성을 주제로 삼아, 제도를 만들어낸 과거의 이유가 지금에는 사라졌는데도 해당 제도는 그대로 살아남아 그 제도가 원래 수행한 역할과는 전혀 다른 역할을 수행할 수도 있음을 주장함으로써 제도가 본질적으로 양의(兩義)적인 것이라는 사고를 발전시킨다. 실제로 제도는 "사람들의 지식과 무지를, 희망과 두려움을 결합시킨다"(Hamilton, 1932: 84). 제도는 문화와 상황의 변화에 적응하는 경향이 있다. "제도의 생명은 그 적응력에 달려 있다. 그러나 급격한 변화 속에서 무질서의 요소들은 계속해서 나타

---

17) 역주—판례의 축적으로 형성된 관습법을 말하며, 영미 법체계의 기초를 가리킨다.

나게 마련이다. 그러나 서로 다른 합의(合議) 사이에서 조화가 이루어지기 훨씬 전에 붕괴가 이미 시작된다"(Hamilton, 1932: 86). 이와 마찬가지로 어떤 제도를 다른 사회에 이식하는 것은 필연적으로 해당 제도의 변용을 동반한다. "제도의 핵심은 원래의 문화적 모체에서 해방되어 제도가 이식될 새로운 공간에 이미 존재하던 여러 가지 관례의 성격을 받아들이는 것이다"(Hamilton, 1932: 86).

3) 제도의 전환

제도는 일반적으로 우발적이고 국지적인 현재의 상황에 의해서 만들어지지만, 그러한 제도가 효력이 지속적이고 적용 범위가 매우 넓을 수도 있다. 예를 들어 곡물법의 폐지는 이 법률을 낳게 한 특수한 상황과는 무관하게 자유무역과 관련한 일반적인 정책이 되었다. (역사적으로 볼 때) 기독교 성서에 대한 해석이 계속 바뀐 것에서 볼 수 있듯이, 오래된 규칙은 새로운 관례에 의해 변화하기도 한다. 이러한 제도의 '변화'는 완전한 격변을 불러일으킬 수도 있다. 예컨대 "고행자들의 공동체가 풍요로운 수도원 시설로 변화하는 것이나 군주제를 정당화하기 위해 급조된 사회계약론이 군주제를 전복하는 무기가 되는 것, 또는 개인의 자유에 헌신해온 당이 권력층이 향유하는 부의 옹호자로 변신하는 것, 그리고 사상을 해방한다는 관점에서 발전되어온 철학이 사상을 구속하는 것이 되는 것을 들 수 있다"(Hamilton, 1932: 86). 실제로 제도는 일탈(逸脫)하는 경향을 보인다. 제도는 원래 그 제도를 불러일으킨 최초의 의도에서 일탈하는 성향이 있는 것이다.

제도의 일탈은 매우 역설적이게도 관성과 연관된다. 비공식적 제도는 습관적 행동, 이념, 기득권을 낳고 그 제도를 강화한다. 제도가 공식적인 것이 되면 그 조직과 구성원은 제도의 밀교적 성격, 형식적 합법주의, 의례주의를 발전시키고 이러한 성격들은 물신화한다. 제도는 당초 '사회적 문제에 대한 대응'을 의미하지만, 여러 가지 이해(利害)와 타협이 결국 제도를 경직화한다. 그 결과 제도가 바뀔 수 있는 것은 오직 혁명이나 소멸에 의해서뿐이다. 해밀턴은 다음과 같이 주장한다. 제도는 자신을 정당화하기 위한 논의를 불러일으키는 경향이 있는데, 그러한 논의는 이성에 속한다기보다 오히려 합리화에 속한다. "자본주의라고 하는 매우 다양한 요인이 복잡하게 뒤섞여 있는 시스템은 결코 설계에 의해 만들어진 것이 아니다. 하지만 오늘날의 자본주의적 시스템은 현대의 신학자들을 통해 그 원리가 널리 알려졌으며, 또한 일반적인 복지를 의도적·자기조절적으로 실현하는 수단이 된다"(Hamilton, 1932: 87).

살아 있는 존재로서 제도는 복합적인 성격을 띤다. 제도는 설계의 흔적과 함께 우발적인 사건을 포함한다. 그것은 또한 다양한 시대와 다양한 사회 그리고 다양한 문명에 존재하는 여러 가지 이념이나 관습의 흔적을 담고 있다. 제도의 의의를 이해하기 위해서는 발생론적 방법(제도적 접근 방법)을 원용하지 않으면 안 된다. 그러나 이 방법을 통해 제도가 존재하는 경위를 전부 탐구해내는 것은 불가능하다.

4) 제도의 양의성(兩義性)

해밀턴의 결론이 강조하는 것은 제도가 복잡한 성격 또는 모순된 성격을 지니고 있다는 것이다. 제도는 "발전하는 문화 내부에서 매우 불완전한 형태로 어떤 목적으로 향하게 하거나 방향을 설정하는 것이다". "의도적인 것과 우연적인 것이 함께 제도의 창출에 기여한다. 제도는 인간의 여러 활동에 대해 자신의 도식을 강요하는 동시에, 예상치 못한 사건의 전개에 대해 자신의 제약을 부과한다. 제도의 독자성은 그것이 끊임없이 재정의되는 것에 있다. 이러한 재정의는 이념이 각각의 상황에 가하는 충격이자 그러한 여러 상황이 이념에 불러일으키는 반동이다. 제도가 사회경제에서 수행하는 역할은 결코 정확하게 규정될 수 없다. 제도의 역할은 사회경제시스템 자체의 존립을 유지하게 함으로써, 사회경제시스템을 구성하는 이들의 다양한 이해관계에 의해, 또는 제도가 시간의 우발적인 진행에 따라 각기 다른 목표로 일탈됨으로써 변화한다. 제도는 인간의 모든 창조물이 그러하듯이 권력에 대한 통제를 목적으로 하면서도 그 권력에 종속되는 일이 벌어질 수 있다." 제도는 도구이자 위협이며, 리스크를 수반한다. "제도가 거쳐가는 과정에는 질서와 무질서, 계획의 성취, 예측 불가능성과 욕구불만이 포함된다." 말하자면 "제도와 인간의 여러 활동은 서로 보완적인 동시에 대립하며, 사회적 과정의 끝없는 극적 상황 속에서 끊임없이 서로를 개량한다"(Hamilton, 1932: 89).

제도는 핵심적 내용과 더불어 애매함을 갖고 있어서, 이는 질서와 무질서의 요인으로 작용한다. 제도는 지식과 무지를 결합하며, 역사적으로 일탈 또는 전환되거나 그 기원을 망각하는 경향이 있다. 해밀턴이 혼신의 힘을 다해서 설명한 제도주의의 명제는 바로 이것이다.

4. 커먼스: 조직과 제도

커먼스(John R. Commons, 1862~1945)는 베블런에 이은 미국 제도학파 제2의 천재이다(Bazzol, 1999). 이 두 사람은 경제에서 제도의 결정적 중요성에 관해 공통적인 주제와 개념을 가지고 있지만, 접근 방식은 여러모로 다르다.

베블런은 제도에 대한 비판적인 관점을 견지하고 있었으며, 제도에 대한 실무적인 고려가 과학을 방해해서는 안 된다고 주장했다. 그러나 커먼스는 제도를 더욱 적극적으로 파악해 사회 개혁의 여러 문제에 직접적인 관심을 두고 여기에 자신의 활동을 대부분 바쳤다. 베블런이 이론에 규범적인 기준을 대입하는 것을 원칙적으로 반대한 것에 반해, 커먼스는 '이성(理性)에 정합적인 자본주의'를 탐구했다. 베블런은 자신들의 기득권만을 주장하는 경영자 단체 및 노동조합의 집단적 행동을 비난했으나, 커먼스는 반대로 이러한 집단적 행동을 이끌어내 그것을 제도화하려 했다. 베블런 이 누적적 인과관계나 비목적론적 진화와 같은 다원적 개념들을 바탕으로 하는 경제시스템에 관한 진화주의적 과학을 옹호한 것과 는 달리, 커먼스는 법학·경제학·윤리학을 결합한 이론을 내세웠으 며, 제도 진화에 관한 일반론적인 견해를 주장하는 일은 없었다. 커먼스는 과거 여러 경제학파의 불완전하지만 '통찰력을 갖춘 견 해'와, 19세기 말과 20세기 초반의 미국 자본주의에서 일어난 제도 적인 혁신에 기반을 둔 이론화 작업을 통합함으로써 제도경제학을 발전시키려고 했다. 그리고 그의 행보는 코먼로 재판소〔주(州) 재판소] 및 연방 최고 재판소의 재판관과 판사가 이러한 제도적인 혁신에 대해 내린 법적 해석으로 지지되었다.

1) 여러 경제이론의 한계

커먼스의 주요 저서인 『제도경제학(Institutional Economics)』에서는 경제사상의 역사가 중요한 위치를 점한다. 그렇다고 해도 그의 접근 방식은 매우 기발하며 때로는 읽는 사람의 허를 찌르기도 한다. 베블런이 고전학파와 신고전학파의 전통에 대항한 것에 비해, 커먼스는 오히려 앞선 다양한 조류의 한계, 다시 말해 그러한 조류의 불완전하고 완전히 시대에 뒤떨어지는 성격을 강조한 동시에 그러한 조류를 재해석함으로써 제도경제학에 편입하려 한다. 과거의 경제이론들은 제도의 여러 가지 문제를 경시했으며, 이와 더불어 다음과 같은 두 가지 중대한 결함을 지니고 있다. 먼저 이러한 경제이론들은 희소성이 보편적으로 존재한다는 것과 희소성에서 발생하는 분쟁이 보편적으로 존재한다는 것을 보려고 하기보다 자연이 풍부하다는 것, 그리고 그 결과 경제활동 참가자들의 여러 이해관계가 조화된다는 가설에 입각하고 있다. 이에 따라 애덤 스미스는 '보이지 않는 손'에 의해 여러 이해관계가 자연발생적으로 양립할 수 있다고 믿었던 것이다. 그러나 현실에서는 바람직한 습관적 행동을 의식적으로 선택하며 그러한 행동을 주저하는 개인들에게 이러한 습관적 행동을 의식적으로 강요하는 것은 다름 아닌 "코먼로 재판소라는 보이는 손"이다. 그러므로 스미스가 이해하지 못했던 것은 이해관계의 양립성이 다양한 이해관계의 분쟁에 개입하는 "집단적 행동의 역사적 산물"이라는 것이다(Commons, 1934: 162). 다른 한편으로 경제이론은 제도의 기능 대신 심리학을 사용하는 경향이 있었다. 이러한 심리학은 인간과 사물 간의 관계에 초점을 맞춤으로써 소유를 매개로 한 인간의 상호적인 관계를 무시했다. 심리학은 개인적인 성격을 띠고 있는데, 정말 중요한 것은 "분쟁에서 발생하는 교섭과 거래의 사회적 심리학"(Commons, 1934: 440)이다. 이 때문에 물적인 생산물 및 소유와 연관된 소득의 여러 범주가 혼동되는 것이다.

커먼스는 신고전학파의 균형이론이 뉴턴의 운동법칙을 모델로 한다고 주장했다. 균형이론은 사회 메커니즘에 의도를 부여하는 일종의 의인법을 통한 작업을 수행한다. 그렇기 때문에 사회 메커니즘에서의 다양한 이해관계는 조화를 이루어낸다. 베블런의 '과정'에 관한 이론은 의도적이지 않은 전환에서 발생하는 변화와 진화에 관심을 쏟는다. 이 이론은 다윈의 자연선택 개념에서 착상을 얻었다. 이에 반해 커먼스가 지지한 제도이론 또는 영속기업(영속체)이론(going concern theory)[18]은 균형이론과 '과정'에 관한 이론 모두를 통해 뒷받침되고 있다. 커먼스의 이론은 의도된 변화에 관심

18) 역주－영속기업은 지속적으로 유지되는 사업체나 활동체를 말하며, 커먼스는 경제사회를 다수의 이질적인 영속기업의 집합체로 본다.

을 둔다. 이 이론의 관심은 자동적인 균형이 아니라 관리되고 지도되는 균형이다. 이 이론이 주장하는 것은 활동규칙의 '인위적인 선택'이며, 그것은 '사회의 컨트롤'을 중심으로 하는 여러 문제와 연관된다(Commons, 1934: 120~121).[19]

2) 제도화된 정신

커먼스의 개념 구상에서 개인은 중요한 위치를 차지한다. 다만 개인은 '제도화된 정신'으로 보아야 한다. "개인은 처음에는 누구나 유아이다. 개인은 언어의 관습, 타인과 협력하는 관습, 공통의 목적을 위해 행동하는 관습, 이해관계를 둘러싼 분쟁을 없애기 위해 교섭하는 관습, 자기 자신이 속해 있는 여러 조직의 활동규칙에 따르는 관습을 각각 배운다." 개인은 쾌락과 고통에 따라 움직이는 '욕망의 혈구'로서가 아니라, "관습에 의해 준비되고, 관습의 압력에 의해 추진되며, 집단적·인간적 의지를 지닌, 매우 인위적인 거래를 영위하는 존재로서"(Commons, 1934: 73~74) 서로 만난다.

커먼스는 각 개인이 다양한 조직에 속해 있다는 것을 강조한다. 이와 관련해서 다음 사항은 꼭 지적해두어야 할 것이다. 20세기 후반 커먼스에 대해 경의를 표한 몇 안 되는 미국의 유력한 경제학

---

19) 커먼스가 베블런을 비판한 것은 베블런이 자연선택의 비유를 제도에 적용했다는 점이다. 이에 반해 커먼스는 인위적 선택으로 대치한다. 그의 눈에는 인위적 선택이야말로 다윈의 출발점으로 비친 것이다.

자 중 한 사람인 허버트 사이먼(Herbert A. Simon)이 현대 자본주의를 설명하기 위해서, 신제도학파 경제학에 대항하여 '시장에 의한 경제'보다 더욱 적절한 것으로서 '조직에 의한 경제'라는 개념을 구축했다(Simon, 1991). 커먼스에 따르면 "자연 상태에는 고립된 개인이 존재하는 것이 아니며, 개인은 항상 거래의 참여자이고 조직의 구성원이며, 조직에 들어가고 나오는 존재이다. 그리고 개인은 제도의 시민이며, 제도는 개인보다 먼저 존재하고 더 오래 존속하는 것이다"(Commons, 1934: 16).

3) 활동적 조직

커먼스에게 활동규칙을 갖춘 활동적 조직 또는 영속기업(영속체)은 진화한 자본주의를 특징짓는 것이다. 조직은 셀 수 없이 많으며 다양한 종류가 있지만, 주로 세 개의 주요 범주, 즉 경제적·정치적·문화적 범주와 관련된다. 개인은 동시에 다양한 조직의 구성원이기도 하다. 조직은 제도의 다른 이름이다. 경제나 사회도 (가족과 같은 최소의 조직에서부터 국가와 같은 최대 규모의 포괄적인 조직에 이르기까지) 여러 조직의 복잡한 집합을 의미한다. 활동적 조직은 분명한 차이를 초월해 다음과 같은 공통적 특성을 지닌다. 조직은 계속되는 것이자(조직은 가입과 탈퇴를 반복하는 개인보다 더 오래 존속한다) 주권 또는 독립적 권력이고, 정당한 권위이자 활동규칙이며 제재이고 거래이다. 그러나 조직의 일반적 모델은 실제로는 커먼스가 조직 가운데 최대의 것, 다시 말해 모든 조직의 상층부에 군림하는 조직인 국가에 부여한 해석에 입각하고 있다. 이와 관련해 지적해두어야 할 것은 커먼스도 대다수의 자본주의론과 마찬가지로 사실상 자본주의를 국민국가적 틀 내에서 구상했다는 것이다. 다만 그가 내세운 이론은 여타 논리와 달리 미국 자본주의를 바탕으로 한다. 다시 말해 커먼스는 자본주의의 다양한 국민적 형태라는 주제에 전혀 손대지 않았다.

각종 영속기업(영속체)은 국가와 마찬가지로 '주권'을 보호하고 유지하는 정통성을 지닌 '권위의 형상'을 갖는다. 이 형상은 특히 조직의 활동규칙을 정하고 승인하는 기능을 한다. 조직의 활동규칙은 주로 코먼로의 방식에 따라 만들어진다. 그것은 분쟁 발생 시 미조직된 규칙이 인위적으로 선택되어 사실상 조직된 규칙(또는 집단적 행동)이 됨으로써 만들어진다. 그러므로 커먼스가 일반화한 것은 코먼로의 법적 모델이다. 그는 앞에서 말한 바와 같이 조직의 구성원을 조직의 '시민'이라고 부른다. 국가(20세기 초반 미국의 민주주의 국가)는 이를테면 모든 활동적 조직의 일반적인 모델이다.

4) 실제적 규칙

커먼스의 『제도경제학』에서 관습은 매우 중요한 기능을 수행한다. 관습은 미조직된 집단적 행동(우리는 또한 그것을 비공식적 규칙이라고 부를 수도 있다)를 의미한다. 관습은 조직된 집단적 행동보다도 더욱 보편적인 것이다. 커먼스는 메인(H. J. S. Maine, 1822~1888, 고대법을 전공한 영국의 법학자 – 역주)과 같이 관습이 역사적으로 계약을 대신했다고 생각하는 것은 오류임을 주장한다. 현실에서 관습은 여러 경제적 조건과 함께 변화하지만 여전히 본질적인 것이다. 그러나 관습은 정확성을 결여하고 있다. 그것은 분쟁을 일으킨다. 이 때문에 조직의 지도자는 관습을 선택함으로써 규칙을 명확하게 정하고, 이를 정식화·법전화해 경제적·법적 제재를 지닌 것으로 만들려고 한다. 이러한 절차는 코먼로 재판소 재판관의 의사결정에 따른 법의 정식화에 이르기까지 모든 활동적 조직에서 이루어진다. 하지만 모든 조직이나 제도화된 법과 같은 것들은 결국 국가의 정치적 과정을 통해 만들어지는 성문법(문자로 표기된 법으로서, 코먼로의 대부분을 구성하는 불문법에 대치되는 개념 – 역주)의 요소도 지닌다.

이와 같이 커먼스에게 다양한 영역에서 작동되고 있는 법들 간의 유사성은 다양한 조직 또는 영속기업(영속체)의 여러 가지 규칙에 관한 이론의 기초이다. 이러한 조직이 바로 다양한 규모의 '사회'(Gislain, 1999)를 대표한다. 모든 조직은 "고유한 실제적 규칙(working rule, 다양한 조직이 지속적으로 활동할 수 있게 하는 실제적 규칙 – 역주)을 지니고 있지 않으면 안 된다. 그것이 바로 조직의 법이다. 이러한 실제적 규칙은 권위, 관습, 습관적 행동, 주도권 등에서 발생한다. 그것은 코먼로이자, 제정된 법이며, 조직의 판례이다. 국가나 경제조직, 문화조직도 실제적 규칙에 의존한다는 점에서 모두 동일하다. 이러한 여러 조직 간의 차이는 기본적으로 제재의 방식에 있다. 다시 말해 이러한 제재가 물리적인 것인지 경제적인 것인지 도덕적인 것인지 하는 것이다. 조직은 룰을 적용하기 위해 이러한 제재의 도움을 빌릴 수 있다"(Commons, 1924: 332~333).

결국 실제적 규칙은 여러 이해관계 간의 **선험적인**(a priori) 조화를 만들어내는 것이 아니다. 그 이유는 분쟁은 본질적으로 줄어들 수 없는 것이고 실제적 규칙을 창출하는 것은 거래에서의 '실행 가능한 상호관계'와 각 개인이 지닌 기대의 상대적인 보증이기 때문이다(Commons, 1934: 92). 이 명제는 (이해관계의 대립이나 분쟁을 중시하는) 정치적 접근 방법으로 볼 수 있는 것과 규칙에 의한 조정(coordination)이라는 견해를 통합한다.

5) 거래의 이론

커먼스는 부(富)에 이중적 의미가 존재한다고 말한다. 즉, 부는 유형의 사물이지만, 더불어 이러한 사물에 대한 **소유권**이기도 하다는 것이다. 유형의 것, 무형의 것, 그러한 판단이 불가능한 것의 소유권을 포함한 근대적인 소유권 개념은 제도학파 경제학의 토대가 된다. 제도학파 경제학은 또한 **소유의 경제학**이기도 하다. 기존 이론들이 상품, 노동, 욕망, 개인, 교환에 초점을 맞춘 것에 비해 소유의 경제학은 거래를 중심적인 대상이자 분석의 단위로 설정한다. 이러한 거래라는 개념은 동시에 분쟁, 종속, 질서를 포함한다. 거래는 '법적 통제의 이전(移轉) 단위'(Commons, 1934: 5)이며, 그것은 고전학파가 고찰한 생산 활동과 쾌락설에 입각한 경제학이 분석한 소비의 쾌락 사이에 위치한다. 거래는 상품 교환으로 환원되지 않고, 유형의 사물에 대한 **장래의 소유권을 여러 개인 사이에서 이전하는 행동**에 존재한다(Commons, 1934: 58). 따라서 **법-경제의 연관**, 또는 법적·경제적 굴레가 중심을 점하게 된다.[20]

영속기업(영속체) 또는 활동적 조직을 정의하는 것은 실제적 규칙으로 조정되는 유익한 거래라는 공통적인 기대이다. 거래는 세 가지 형태를 보인다. 상품의 매매거래, 경영거래(조직의 지휘권을 지닌 관리자와 그에 따르는 노동자 간의 거래-역주), 할당거래(법적 권한을 지닌 자와 그에 따르는 개인 간의 거래-역주)가 그것이다. 커먼스는 이 세 가지 유형 구분에 일반적이고도 포괄적인 유효성이 있다고 말한다. 그 이유는 기존의 경제학자들이 교환이라는 단일 개념하에서 혼동하고 있던 것을 유형화를 통해 구별해내기 때문이다.

상품의 매매거래는 법적으로는 평등하지만 경제적으로는 불평등할 수 있는 당사자 간에 일어난다. 그것에는 흥정의 능력이라는

---

20) 마르크스에게 법의 영역은 사회의 경제적 토대의 상부 구조를 이루고 있으며, 경제적 토대를 기반으로 제정되는 것이다. 커먼스는 반대로 '자본주의의 법률적 기초(법적 토대)'(Commons, 1924)를 언급한다. 이것은 이를테면 마르크스의 비유가 전도(顚倒)된 것이다.

〈표 1-1〉 거래의 세 가지 유형

거래의 유형	매매거래	경영거래	할당거래
개인의 위치	법적 평등	법적인 상위와 하위	법적인 상위와 하위
교섭의 심리학	(당사자의 거래 능력에 따른) 설득 또는 강제	명령과 복종	변호와 토의
일반 원리	희소성	효율성	공정
의뢰인의 성격	의뢰인과 대리인의 구별이 부재	개인 또는 권력 집단	집단적 권위
거래의 대상	소유권의 이전 (성과와 지불의 채무)	부의 창조	관련 사업의 비용과 이익의 분배
장래 계약의 이행	가격과 수량	투입과 산출	재정, 조세, 가격 결정, 임금 결정

관점이 있다. 경영거래와 할당거래는 상위자와 하위자, 관리자와
피관리자 간의 법적 관계를 포함한다. 경영거래에서 관리자는 개
인 또는 권력 집단이며, 이러한 개인 또는 권력 집단이 지시를 내
린다. 할당거래에서는 상위자가 집단적 성격을 지니며(이사회, 의
회, 조정 재판소, 권위 있는 통치 기구, 국세청 등), 조직의 하위자들에
게 제약과 이득을 분배한다. 이 세 가지 거래 양식은 각각 경제적·
법적·윤리적 차원을 포함한다.

커먼스는 이와 동시에 전략적 거래와 일상적 거래를 구별한다.
전자는 활동의 '제한 인자'(활동을 제약하는 인자)와 연관되며 후자
는 활동의 '보조 인자'(활동을 활발히 하는 인자)와 연관된다. 활동의
제한 인자란 통제가 유효한 때와 장소에서 적절한 형태로 이루어
진다면 보조 인자를 활성화해 바람직한 성과를 얻을 수 있게 하는

요인이다(Commons, 1934: 629). 그렇지만 제한 인자와 보조 인자는 끊임없이 서로 치환된다. 제한 인자는 일단 통제하에 놓이면 보조적인 것으로 변하며 다른 요인이 제한적 요인이 된다. 커먼스는 이러한 도식이 보편적인 것이며 시간 규정의 문제와 연관된다고 주장한다. 제한 요인은 현재 활동의 대상이며, 보조 인자에 관해서 말하자면 개인은 장래에 그것이 안정될 것이라고 기대한다. 개인은 보조 인자에 주의를 기울일 필요는 없다. 따라서 보조 인자는 활동적 조직에서는 일상적 거래의 대상이 된다(Commons, 1934: 644). 이러한 분석은 확실히 기업에 대한 진화이론 중 몇 가지를 떠올리게 한다. 그러나 기업에 대한 진화이론은 반세기 뒤에 커먼스의 명제와 뚜렷한 연관 없이 발전하게 된다.

6) 집단적 행동과 코먼로의 방법

커먼스에게 제도의 개념은 활동적 조직, 실제적 규칙, 집단적 행동의 여러 범주를 바탕으로 하여 의미를 지닌다. 영속기업(영속체)이라는 영미의 개념(이것은 독일어의 gutgehendes geschäft와 같은 의미이다)이 여기에서 핵심을 이룬다. "가족, 기업, 노동조합, 직업 단체에서 국가 그 자체에 이르기까지 우리가 제도라고 부르는 것은 활동적 조직이며 이러한 조직의 활동이 유지될 수 있게 하는 실제적 규칙이다"(Commons, 1934: 69). 그러므로 조직과 그 규칙에 초점을 맞추어 제도를 정의해보자.

집단적 행동은 두 가지 형태를 보인다. 관습과 활동적 조직이 그것이다. 전자는 조직되어 있지 않고 후자는 조직되어 있다. 커먼스가 내린 제도의 전형적인 정의를 요약해서 말하면, 제도는 '개인의 활동을 통제하는 집단적 행동'이다. 그러나 완전한 형태의 정의는 '개인의 활동을 제한하고 해방시키며 확장하는 집단적 행동'이다(Commons, 1934: 73). 이것이야말로 커먼스가 제기한 분석의 위대한 독창성이다. 특히 베블런과 비교해서 그렇다고 말할 수 있다. 커먼스의 독창성은 다음 주장에서도 발견된다. 커먼스는 제도가 개인에게 '해방의 차원'을 부여해주는 것은 제도 그 자체가 지닌 '제약'의 성격 때문이라고 강조한다. 제도는 개인이 다른 개인에게서 제약받거나 불평등하게 취급당하는 것에서 개인을 보호해 개인의 활동 능력을 극대화함으로써 개인이 고립된 상태에서 이룰 수 있는 것보다 훨씬 더 많은 것을 실현할 수 있게 한다.

영미의 전통에 따라 코먼로의 방법을 통해 법을 창조하는 것은 실제로는 모든 활동적 조직의 보편적 원리의 특수한 사례에 지나지 않는다. 활동적 조직의 보편적 원리를 통해 "여러 가지 이해분쟁을 조정하는 새로운 법이 확립되어 관습과 윤리 등의 미조직된 실제적 규칙에 대해 더욱 정확한 규정과 제약의 성격이 부여되는 것이다"(Commons, 1934: 73). 이러한 코먼로의 방법은 그 자체가 관습이다. 커먼스가 좀 더 베블런적이었다면 그것을 '습관적 행동'으로 불렀을지도 모른다. 실제적 규칙은 조직 속에서 항상 변화한다. 실제적 규칙은 개인이 도덕적·경제적·물리적 성격을 지닌 집단적 제재의 지배하에서 무엇을 달성할 수 있는지, 무엇을 하지 않으면 안 되는지, 그리고 무엇을 해도 되는지, 또는 무엇을 해서는 안 되는지 하는 것을 명확하게 제시한다.

7) 제도주의, 시간성과 장래성

그러므로 커먼스에게 제도는 활동적 조직과 그 활동규칙을 의미한다. 그러나 그는 '제도화된 정신'에 관한 논의를 통해 제도의 개념을 언어활동이나 기술에까지 확대함으로써 이 개념에 더욱 넓은 의미를 부여한다. "인간 정신은 생명 유기체 이상의 것이다. 인간 정신은 유기체로서는 고도로 발전한 두뇌에 지나지 않는다. 이 두뇌는 동물 유기체의 일부에 지나지 않으나 그것은 이윽고 '제도화'된다. 그 후에 두뇌는 우리가 정신 및 의지라고 부르는 더 넓은 활동 분야를 획득한다. 그 최초의 제도가 기호, 언어, 수학, 발화(發話), 문자이다. 우리는 그것들을 단어와 수학에 의한 언어활동이라고 부른다. 그것은 개인의 습관적 행동이며 여러 개인이 몇 세대에 걸쳐 전달하는 의무적 관습이다. 이것이 바로 제도인 것이다. 그 외의 인간생활과 관련된 제도는 불, 도구, 기계, 가족, 정부 등이다. 우리는 이러한 제도의 지속적인 반복을…… 영속체라고 부른다"(Commons, 1934: 638~639).

시간성은 제도경제학의 조류가 대부분 거론하는 본질적인 차원

이다. 이는 제도경제학이 모두 변화를 핵심 주제로 삼고 있기 때문
이다. 하지만 커먼스는 더 앞으로 나아간다. 그에게는 시간이라는
개념은 그 자체로 제도화된 정신의 구축물이다. "그러므로 인간은
유기체 이상의 존재이다. 인간은 제도적인 존재이다. 제도화된 정
신만이 우리가 장래성(futurity)이라고 부르는 활동의 탁월한 차원을
발전시킨다. 장래성은 제도적인 것이다. 고립된 아이나 인간은 동
물과 같이 장래성을 전혀 알지 못하거나 거의 모른다. 유기체인
두뇌를 먼 장래로 제도적으로 확장하는 것은 이 두뇌를 먼 공간으
로 제도적으로 확장하는 것과 불가분의 관계이다. 두뇌의 활동을
이중으로 제도적으로 연장함으로써, 산업과 정부 분야에서 고도로
발전한 근대의 활동적 조직이 존재할 수 있게 된다. 이러한 조직이
전 세계와 미래 세대에 질서를 가져오는 것이다"(Commons, 1934:
639). 그러므로 커먼스는 제도와 장래성의 결합, 다시 말해 정신의
제도화와 정신의 공간적·시간적 '확장'의 결합을 강조한다. 시간이
란 제도적인 것이다. 그래서 "인간 유기체는 제도를 예측함으로써
추측해볼 수 있는 현재 행동이 갖는 장래성의 여러 차원에서 장래
에 일어날 것을 현재의 행동으로 변환한다……. 시간에 관한 것은
공간에 관해서도 적용할 수 있다. 제도화된 두뇌만이 세계를 지배
한다. 이러한 두뇌의 세계 지배를 중개하는 것이 활동적 조직 및
도구로서 유용한 기능을 지닌 기계이다"(Commons, 1934: 640). 커먼
스는 실용주의(pragmatism)의 행위이론에서 이러한 착상을 얻었는

데, 이 이론에서는 '장래성'이 중심적인 기능을 한다(Gislain, 2002, 2003). 개인은 장래의 것에 걸맞게 행동하려 하지만, 그것은 개인이 장래의 것을 현재의 제도적 틀 내에서 나타낼 때만 가능하다. 행동의 합리성은 분명 존재하지만 이러한 합리성에 영향을 끼치는 것은 현재의 집단적 행동에 의해 틀이 마련되는 장래에 대한 예측인 것이다.

장래는 불확실성으로 특징지을 수 있는데, 제도는 불확실성을 줄이는 효과가 있다. 제도경제학이 고찰하는 사회는 "장래를 예견하는 것이 확실히 불가능한 것일 수 있겠지만, 통찰력 있는 구상과 집단적 행동으로 어느 정도 통제가 가능한" 사회이다(Commons, 1934: 107).[21]

---

21) 화폐경제에서 발생하는 근본적인 불확실성이 관행의 역할 때문에 감소한다는 주제는 케인스의 핵심적인 주제이기는 하나, 이 주제는 커먼스의 구상과도 유사한 것으로 보인다. 스키델스키(Robert Skidelsky)는 케인스의 전기에서 커먼스를 언급하면서 "오해받고 있지만 케인스에게 중요한 영향을 끼친 인물"로 평가했다. 그리고 케인스가 커먼스에게 보낸 1927년의 편지를 인용했다. 그 편지에서 케인스는 다음과 같이 말한다. "제가 이와 같은 총체적인 일치를 느끼는 일반적인 발상을 다른 경제학자들이 지니고 있을 것이라고는 생각하지 않습니다"(Skidelsky, 1995: 229). 제도주의와 케인스 이론의 상호작용은 후세의 역사에 대해서도 매우 중요한 의미가 있을 것이다.

5. 폴라니와 '제도화 과정'으로서의 경제

칼 폴라니(Karl Polanyi, 1886~1964)는 특히 그의 저작인 『거대한
전환(The Great Transformation)』(1944)으로 잘 알려져 있다. 이 저작은
비주류경제학자에 의한 제도주의적 분석의 고전으로 간주할 수 있
다(Maucourant, 2005). 폴라니는 이 책에서 19세기 자유주의를 위험한
유토피아로 정의한다. 19세기 자유주의는 자기조정적 시장 원리를
보편화해 그것을 노동, 토지, 화폐 등의 '의제(擬制)적 상품'에까지
확대 적용한다. 이러한 유토피아가 사회에 미친 파괴적 효과는 이
에 대항하는 사회의 자기 보호 운동을 일으켜 시장 거래의 확장이
상대적으로 제한되었다.

폴라니를 제도주의 경제학자로 부르는 것은 지나친 표현일지도
모른다. 그는 역사가이자 인류학자이며 더욱이 독일 역사학파나
미국 제도학파에게 직접적인 영향을 받지도 않았기 때문이다. 그
럼에도 폴라니를 제도주의 전통과 연결하는 것은 정당하다. 그가
1950년대 이후 제도주의 본류에 미친 영향은 매우 중요하다. 여기
서 폴라니를 언급하는 것이 정당화되는 것은 바로 이 때문이다.

1) 통합의 여러 형태

경제시스템은 '제도화의 과정', 즉 경제와 사회가 통합되는 과정
을 의미한다. 경제시스템은 경제적인 제도와 비경제적인 제도에

파묻혀 있고(embedded) 둘러싸여 있다(Polanyi, 1957: 244). 다양한 시대에 그리고 다양한 사회에서 관찰되는 다양한 제도화 양식을 연구하기 위해, 폴라니는 '통합의 여러 형태'라는 개념을 원용했다. 통합의 여러 형태는 "경제 과정의 요소들 ― 물적 자원 및 노동에서 물자의 운송·저장·분배에 이르기까지의 여러 요소들 ― 이 서로 결합되는 여러 제도화된 운동을 나타낸다"(Polanyi, 1977: 35). 통합의 개념은 조정(coordination)의 개념에 가깝다. 실제로 이 개념은 분업에 의해 분리된 것에 대한 '재통합'과 연관된다. 폴라니는 역사적인 경제시스템의 방대한 비교 연구를 바탕으로 이러한 재통합의 영역에 세 가지 기본적인 모델이 존재한다고 주장한다. 그것은 호혜(互惠, 증여와 답례로 구성된다. 답례는 당사자 간에 명시적으로 규정되거나 상호 인식하고 있는 것은 아니다―역주), 재분배, 교환이다.[22]

"호혜는 대칭군의 상호 관련된 지점 사이의 이동을 의미한다. 재분배는 중심으로 향하고 나아가 중심에서 외부로 향하는 영유(領有) 관계의 이동을 가리킨다. 교환은 상품경제시스템에서의 소유관계의 이전과 같은 가역적인 이동을 말한다. 그러므로 호혜는 대칭적인 질서를 이루는 여러 집단을 배경으로 한다. 재분배는 집

---

22) 폴라니는 『거대한 전환』에서 통합의 제4형태로 가족적 통치(household-ing)의 원리를 언급한다. 이 원리는 폐쇄 집단의 욕구로 인한 직접적인 생산과 저장으로 이루어진다. 그러나 이 원리는 이후의 도식에서는 유지되지 않으며, 그것이 소규모의 재분배에 속한다는 것을 암시한다.

단 내부의 일정한 중심 형태의 존재를 바탕으로 한다. 교환이 통합을 이루어내기 위해서는 가격을 창출하는 시장시스템이 존재해야 한다. 이러한 다양한 통합 모델이 특정한 제도적 양상에 의해 뒷받침되고 있는 것은 분명하다"(Polanyi, 1957: 245).

통합의 여러 형태는 발전의 '여러 단계'도, 경제시스템 그 자체도 아니다. 통합의 형태는 역사상 다양한 형태로 조합되어 나타난다. 그것은 "지배적인 형태와 동시에 복수의 이차적인 형태가 존재할 수 있다. 지배적인 형태는 그 자체가 일시적으로 붕괴한 뒤 다시 출현할 수도 있다"(Polanyi, 1957: 249). 서구의 봉건제가 끝날 때까지 존속했던 모든 시스템은 "호혜성이나 재분배의 원리에 따라, 아니면 가족적 통치에 따라, 나아가 이 삼자의 조합 원리에 따라 조직되었다"(Polanyi, 1944: 54~55). 이에 비해 시장경제시스템 또는 자본주의 체제는 교환이 지배적인 것이 특징이다. 그리고 이러한 교환에 의한 지배는 매우 독점적인 형태로 이루어지는 경향이 있다.

폴라니의 이론은 하나의 경제시스템 내에 다양한 조정 양식이 공존하는 것을 강조하는 제도주의적인 사고방식[예를 들어 홀링스워스(J. Hollingsworth), 브와예(R. Boyer), 코르나이(J. Kornai)]의 주요한 원천 가운데 하나로 볼 수 있다. 그의 이론은 (시장과 국가, 또는 시장과 조직과 같은) 이원론을 본질로 설정하는 모델에 의거한 경제적 조정(coordination)의 이론과는 다르다.

시장이 탄생된 기원으로 '거래하고 교환하려는 인간의 성향'을 가정하는 스미스와는 반대로 (부언하면 습관적 행동의 기초로 본능을 제시하는 베블런과는 다르게) 폴라니는 "통합의 여러 형태의 기반을 이루는 제도적 구조를 구축하기 위해서만 개인의 행위와 행동이 동반된다"라는 발상을 비판했다. 그래서 호혜성도 그리고 교환도 "구조적인 체계가 미리 존재하지 않고는" 있을 수 없으며 이 구조적 체계는 "상호성과 교환과 같은 개인적 활동의 결과가 아니며, 그럴 수도 없다"(Polanyi, 1977: 37). 폴라니가 여기서 예로 든 것은 뒤르켕(É. Durkheim), 베버(M. Weber), 파레토(V. Pareto)이다. 그들이 강조한 것은 개인적 행동에 관한 다양한 유형의 사회적인 전제 조건이다. 폴라니는 특히 투른발트(R. Thurnwald)와 말리노프스키(B. Malinowski) 같은 인류학자의 연구에서 큰 영향을 받았다. 이러한 인류학자들이 가르쳐준 것은 일정한 사회적 조건이 갖춰지지 않을 때 왜 많은 경우 개인의 행동이 사회적 효과를 가지지 않는지에 관해서다. "호혜의 태도가 어떤 중요한 제도를 만들어낼 수 있는 시점은 대칭적으로 조직된 사회 환경일 때뿐이다. 여러 개인의 협조적인 행동이 재분배의 (통합 형태에 의거한) 경제를 만들어낼 수 있는 공간은 중심이 이미 확립되어 있는 곳뿐이다. 교환을 지향하는 개인의 태도가 공동체의 여러 경제적 활동을 통합하는 가격으로 귀결되는 것은 이를 위해 만들어진 시장이 존재하는 경우뿐이다"(Polanyi, 1977: 38). 그러므로 폴라니가 시사하는 것은 구조주의적 접근 방식이다. 다시 말해 이미 확립된 제도가 개인들의 행동을 이끌어 고유한 통합 형태가 구축된다는 것이다.

2) '사회로부터의 이탈'= 자기조정적 시장 형태

폴라니의 가장 유명한 명제 중 하나가 근대 자본주의 시대에서 "경제의 사회 전체로부터의 이탈(disembeddedness)"이라는 명제이다.[23] 폴라니는 아리스토텔레스에 의거해 '실체경제'를 인간의 생존과 관련한 것들을 확보하기 위한 활동으로 정의한다. 그의 주장에 따르면, 근대 자본주의 생산양식하에서는 자기조정적 시장이 지배하는데, 다시 말해 역사적으로 경제가 사회로부터 이탈하게 된다. 이것은 앞선 모든 사회와 전혀 다르다. 앞선 여러 사회에는 경제가 사회(공동체)에 파묻혀 있어 경제적 활동이나 경제적 동기가 친족·정치·종교와 같은 사회적 실천이나 사회적 목적 안에 심겨져 있었다. 호혜와 재분배가 지배하고 있는 한 자립적인 생활 영역으로서의 '경제'라는 개념 자체는 구축될 수 없다(Polanyi, 1968: 84). 그 반대로 자기조정적 시장 체제의 기초에 존재하는 이윤 목표는 경제의 '형식적' 개념이 지배하도록 이끈다. 이 개념은 실체경제의 전통적인 개념과는 구별된다. 경제의 형식적 개념이 지배하게 된 이후 경제 영역은 오직 그 고유한 법칙으로만 움직이는 것으로 보인다. 이때 사회는 시장의 보조물이 된다. 즉, 경제가 사회와 분리·

---

23) 폴라니는 이 명제에 영향을 준 인물로 헤겔, 마르크스, 메인, 퇴니에스, 베버, 말리노프스키를 들고 있다(Polanyi, 1957).

탈구되어 경제가 사회의 우위에 서는 통합 방식이 작용하는 것이다. "경제가 사회의 여러 관계에 파묻히는 대신 사회관계가 경제시스템 속으로 파묻히게 된다"(Polanyi, 1944: 57). 민주주의적 사회주의를 지지했던 폴라니는 제2차 세계대전 뒤 불가피해지고 있던 '거대한 전환'을 통해 사회로부터의 경제의 이탈이 초래하는 불안정성을 억누르고, 호혜, 재분배, 교환과 같은 여러 통합 형태를 적절히 조합함으로써 경제사회의 더 나은 균형을 쟁탈할 수 있기를 기대한 것이다.

제2장

오스트리아학파와 질서자유주의

1. 멩거: 유기적 접근과 실용주의적 접근

독일 역사학파는 인간 행동에 대한 제도의 영향력이 전통적 이론에서는 무시된다고 비판했다. 이러한 정통적 경제학에 대한 독일 역사학파의 비판에 대응하는 과정에서 오스트리아학파의 창설자인 칼 멩거(Carl Menger, 1840~1921)는 제도가 형성되는 두 가지 경로가 매우 다르다는 것을 밝혀냈다. 멩거는 다음과 같이 주장했다. "하나의 경로는 사람들이 의지를 모아 (의도적으로) 제도를 설립하는 것이다. 다른 경로는 본질적으로 각 개인들은 각자의 목적을 달성하기 위해 노력하는데 이런 노력들이 어우러지면서 의도하지 않은 제도가 형성되는 경우이다(Menger, 1883: 133)." 전자가 사회제도의 실용주의적 기원을 묘사한 것이라면, 후자는 유기적 기원에 해당된다. 만약 오늘날의 제도들 대다수가 실용주의적 경로를 통해 집단적인 동시에 의도적인 방법으로 설립되었다면, 제도의 분석이나 해석은 크게 어렵지 않을 것이다. 하지만 유기적인 경로로 형성된 제도라면 경우가 다르다. 멩거는 유기적 기원을 지닌 제도들이 경제이론에서 차지하는 중요한 지위를 강조한다.

1) 유기적 제도로서의 화폐

『국민경제학 원리(Grundsätze der Volkswirtschaftslehre)』(1871)에서 멩거는 각각의 개인들이 각자의 상황을 개선하기 위해 행동한 결과로 의도하지 않게 화폐가 탄생했다고 주장하고 이를 이론적으로 정식화했다. 즉, 화폐는 하나의 사회적 절차의 산물이지만 그것은 "사회구성원 각자의 노력이 어우러지면서 자연발생적으로 나타난 것으로, 미리 계획되지 않은 결과"(Menger, 1892)라는 것이다. 나아가 『경제학의 방법(Untersuchungen)』(1883)에서 멩거는 이 이론을 일반화해 법, 언어, 시장, 공동체나 국가 등 각종 제도의 기원을 탐구한다. 예컨대 경제학 및 사회과학의 '정밀한 연구'로 풀어야 할 문제는 다음과 같다. "제도는 공공 복지에 기여할 뿐 아니라 이를 발전시키는 데 가장 중요한 요소이다. 그런데 이런 제도가, 그것의 설립을 (의도적으로) 계획하는 인간들의 공동 의지 없이 발생하는 것은 어떻게 가능한가"(Menger, 1883: 146). 이 같은 의문에 대해 멩거는 이렇게 설명한다. 개인들은 물물교환의 제약을 벗어나기 위해 '교환가능성'이 높은 상품을 손에 넣으려고 한다. 각각의 개인들이 이러한 시도를 거듭하다 보니 의도하지 않게 화폐가 탄생한 것이다. 마찬가지로 새로운 마을은 다음과 같은 경로로 형성된다. 각기 다른 직업이나 소질이 있는 개인들은 그들의 다양한 능력을 발휘하기에 더 나은 시장이 있을 것이라고 판단되는 새로운 장소에 거처를 정한다. 또한 초기 국가도 주위에 거주하는 가족들이 서로 협력하는 것이 유익하다고 판단해 형성된 것이다.

멩거는 여기에서 '유기적 발전'을 언급한다. 유기적 발전에서 사회적 제도는 각각의 개인이 자신의 이익을 획득하기 위해 행동하는 과정이 어우러지면서 발생하는 예기치 않은 결과이다. 예컨대 몇몇 개인은 특정한 규칙에 따르거나 특정한 수단을 사용함으로써 다른 사람보다 빠르고 능숙하게 자신의 이익을 높일 수 있다. 그리고 멩거는 이들의 성공이 다른 사람들에게 모방된다고 주장한다. 이러한 경로에 따라 '공공선(公共善)으로서 공헌하는 제도'는 특정인이 의도적으로 계획하는 일 없이도 결정적으로 강화된다. 하나의 사례로 '지식의 보급'을 들 수 있다. 예컨대 몇몇 개인은 당장 필요하지는 않지만 더 큰 '교환 가능성'을 지닌 재화와 자신의 재화를 맞바꿈으로써 이익을 얻을 수 있다는 지식을 얻는다. "(그러나) 한 국가의 모든 구성원이 이러한 지식을 동시에 얻는 일은 결코 없다. 선구적인 소수의 경제주체들만이 이 같은 교환에서 발생하는 이익을 (다른 대다수보다) 먼저 인식하게 된다……. 인간이 경제

적 이익에 대해 알기 위해서는, 본래의 목표를 실현하기 위해 적절
한 수단을 쓰는 사람들의 경제적 성공을 알게 하는 것보다 나은
방법은 없다"(Menger, 1883: 155).

멩거는 이러한 설명에 상당한 일반성이 있다고 생각한다. 이러
한 점이 그의 관심을 높여 멩거는 다음과 같이 말한다. "'유기적으
로' 이루어진 사회구조의 정밀한 이해를 위한 방법과" 가격, 임금,
이윤 등의 형성에 관한 "정밀한 경제학의 주요 문제의 해결을 위한
방법은 본질적으로 같다"(Menger, 1883: 158~159). 이는 나중에 방법
론적 개인주의(이 표현은 슘페터에서 유래한다)로 불린다. 그리고 이
는 스미스의 '보이지 않는 손'이라는 개념을 간접적으로 떠올리게
하는 설명으로 연결된다. 즉, 이러한 과정에서 각각의 개인들은 자
신의 특수 이익을 실현하기 위해 행동할 뿐이다. 그런데 이러한
개인들의 행위가 어우러지면서, 역설적이지만 교묘하게 집단적으
로 유익한 결과로 이어진다는 것이다. 물론 각 주체(개인)들은 이
같은 과정의 의미를 인식하지 못한다.

그런데 여기서 의문이 발생한다. (베블런이 말하듯) 이러한 '유기
적 발전'에서 '사악하고' '어리석은' 제도가 자연발생적으로 형성
될 수도 있다는 점이다. 이에 대해 멩거는 (유기적 기원을 지닌) 관습
법이 공공선에 유해하다는 것이 판명되어 (실용주의적 성격을 지닌)
법제를 통해 정당하게 변경되는 일이 드물지 않다는 것을 인정한
다(Menger, 1883: 233). 그런데도 전체적으로 볼 때, 멩거는 스미스와

그 제자들이 속하는 '계몽시대 영·불의 일방적 합리주의와 실용주의'에는 계속해서 반대한다. 멩거는 이들이 여러 제도의 유기적 기원을 무시하고 과도한 개량주의에 이끌리다가 우연히 사회주의의 길을 개척하게 되었다고 생각하기 때문이다(Menger, 1883: 173, 177).

2) 복잡한 상호작용

개인주의적 사고나 '보이지 않는 손'을 떠올리게 하는 멩거의 설명 방식이 그의 경제적 자유주의와 결합되어 있다는 점은 강조되어야 한다. 그렇다고 해서 멩거가 '유기적 기원을 지닌 제도'와 '실용주의적 기원을 지닌 제도'를 흑백논리적으로 대립시키는 것은 아니다. 멩거는 오히려 "사회현상 또는 사회제도를 전체적으로 이해하려면 '유기적' 해석과 더불어 실용주의적 해석 역시 필요불가결하다"고 말한다(Menger, 1883: 135). 이러한 견해는 화폐나 법 같은 사회현상에도 적용된다. 그러나 멩거는 아무래도 '유기적 접근법'에 더 큰 비중을 두는 편이다. "화폐는 법률로 만들어진 것이 아니다. 기원을 따져보아도 화폐는 하나의 사회제도였지 국가 차원에서 발생한 것은 아니다. 즉, 국가권력에 의한 제재는 화폐의 초기 역사에서는 전혀 개입되지 않았다. 그러나 교역이 발전하고 이에 따라 다양하고 유동적인 사회적 요구가 나타나면서, 국가는 화폐를 새롭게 인식하고 규제하게 되었다. 이러한 과정을 통해 화폐는 조정되면서 완성되어온 것이다. 이는 관습법이 제정법을 통해 조정되고 완성되어가는 것과 마찬가지이다"(Menger, 1892: 255).

나아가 멩거는 하나의 제도가 처음에는 유기적인 방법으로 출현하지만, 이후의 역사를 거치면서 법 제정 등 실용주의적 개입으로 보강되는(또는 변형된다는) 도식이 역사적으로 가장 일반적이라고 생각한다. 멩거는 화폐, 시장, 법, 근대국가의 현대적 체계에도 이러한 도식을 적용한다. 예컨대 화폐, 시장, 법, 근대국가 등은 "개인 차원의 목적론적 힘과 사회 차원의 목적론적 힘이, 즉 '유기적' 요인과 '적극적' 요인이 결합해 작용한 결과로서 나타나는 사례이다"(Menger, 1883: 158).

제도의 기원에 관한 멩거의 이론에서는 두 개의 차원이 결정적으로 구별된다. 첫째, 개인 차원의 목적론적 행동은 다른 이들의 모방을 통해 예기치 않은 방식으로, 공동체에 유익한, 유기적 기원을 지닌 제도를 만들어낸다. 둘째, 공공선을 목표로 하는 목적론적인 사회행동은 의도적인 방식으로 실용주의적 기원을 지닌 제도를 만들어낸다. 그러나 이러한 두 개의 차원이 서로 분리되어 있는 것은 아니다. 그 이유는 역사적으로 유기적인 방식에 따라 형성된 제도들이 실용주의적 행위를 통해 개선되어왔기 때문이다.

2. 하이에크의 질서와 규범

1) 자유의 제도

하이에크(Friedrich August von Hayek, 1899~1992)는 미제스(Ludwig Edler von Mises)와 함께 오스트리아학파의 전통을 20세기까지 유지하고 확장한 주역이다. 그의 저작은 경제적·정치적 자유주의의 재건을 위해 바쳐졌다. 이러한 경제적·정치적 자유주의는 오스트리아학파를 신고전학파의 전통에서 더욱 분리시켰다. 이는 균형 개념의 중시, 완전 정보의 가정, 가격 중심성 등의 주제를 둘러싸고 나타난 의견 차이 때문이었다. 한편으로 그는 방법론적 개인주의를 유지·심화했다. 사회주의 비판, 좀 더 일반적으로는 국가의 경제에 대한 개입을 비판하는 작업을 거치면서, 그는 복잡성, 상대적 무지, 개인들 간 지식의 분산성 등의 환경에서 행동의 조절이라는 문제를 더욱 강조하게 되었다. 이와 같은 개념적 논의를 통해 그는 경쟁을 '발견의 과정'으로 간주하게 되었다.

1960년대부터 1980년대에 걸친 저작, 특히 『La Constitution de la Liberté(자유의 조건)』(1960), 『Droit, Législation et Liberté, Vol. 1~3(법과 입법의 자유)』(1973~1978) 등에서 하이에크는 규범에 관한 치밀한 이론을 정립했다. 이 이론은 넓은 의미에서 제도경제학에 대한 그의 중요한 공헌으로 들 수 있다.

제도의 개념은 하이에크가 발전시킨 질서와 규범의 개념과 밀접하게 연관된다. 이와 관련해 하이에크는 경제학뿐만 아니라 법학, 정치학, 심리학, 철학 등 각종 학문 분과의 다양한 지적 전통을 탐구했기 때문에 그의 저작은 지적으로 광범위한 영역을 포괄한다. 하이에크 이론의 중요한 두 가지 원천은 첫째, 스미스(또는 퍼거슨과 같은 '스코틀랜드 계몽주의'의 선구자들)의 '보이지 않는 손' 개념과 둘째, '유기적으로 발생하는 제도'와 '실용주의적으로 발생하는 제도'에 대한 멩거의 구분이다. 하이에크는 이러한 멩거의 구분을 발전적으로 계승해 '질서' 개념에 적용했다.

멩거와 같이 하이에크는 제도의 사례로 언어, 화폐, 윤리, 국가 나아가 소유권, 법률 등을 즐겨 거론했다. 또한 그는 '질서'도 제도의 범주에 포함시켰다.

2) 질서와 규범

'질서'라는 개념은 특정 방식의 수미일관성 또는 영속성을 의미하며, '시스템', '구조' 또는 '패턴'의 개념과 비슷하다(Hayek, 1973: 42). 하이에크는 사회와 경제 영역에서 다음과 같은 두 종류의 질서를 구별하는 것이 중요하다고 주장했다. 첫째는 의도적으로 구축되고 형성된 질서로 조직이라고도 불린다. 둘째는 자생적 질서인데 이는 자연발생적인 진화에 따라 자기조직화의 과정을 통해 형성되고 확대된다. 조직된 질서와 자생적 질서는 경제와 사회의 다양한 수준에서 공존한다. 그러나 더욱 확장된 복잡한 질서는 조직되는 것일 수 없다. 이러한 점은 하이에크의 이론에서 중시되는 다음과 같은 두 가지 사례, 즉 시장의 질서와 전체로서의 사회에 특히 잘 적용된다.

조직(조직된 질서)과 자생적 질서 사이에는 다음과 같은 본질적인 차이와 명확한 대조점이 있다. 조직된 질서는 비교적 단순하며 목표가 있다. 또한 명령을 내리고 규범을 만드는 지도부가 있다. 조직된 질서하에서 행동의 조정은 의식적이고 의도적으로 이루어진다. 반대로 자생적 질서는 복잡하며 조직자나 지도자, 계획자가 없고 궁극적인 목적도 없다. 자생적 질서하에서 행동의 조정은 조직되지는 않지만 효과적인 방식으로 이루어진다. 이처럼, 조직된 질서는 구체적이고 자생적 질서는 추상적이다. 자생적 질서는 직접적이고 명백한 방법으로는 이해할 수 없으므로 그것을 파악하기 위해서는 자생적 질서의 여러 가지 구성 요소 사이의 다양한 관계를 머릿속에서 재구성해야 한다(Hayek, 1973: 44).

이 두 종류의 질서는 모두 규범에 입각한다는 공통점을 가지고 있다. 그러나 다음 두 가지 면에서의 차이는 강조되어야 한다. 첫째, 조직은 지도부가 내리는 지시와 지도부가 설정하는 규범 모두에 의해 지배된다. 이 명령과 규범은 조직의 목표와 연결되어 있다. 이에 반해 자생적 질서는 '정의에 합치되는 규범'에 전적으로 기반한다. 둘째, 조직된 질서의 규범과 자생적 질서의 규범은 다음과 같이 뚜렷하게 대조된다. 전자는 목적성을 지니고 있어 구체적·의

〈표 2-1〉 하이에크의 두 가지 질서와 규범

조직된 질서(Taxis)	자생적 질서(Kosmos)
만들어지는 것, 외생적 질서, 배치, 구축물, 조직	성숙하는 것, 성장하는 것, 자기발생적 질서 또는 내생적 질서
단순	복잡
지도부, 조직자가 있음	지도부, 조직자가 없음
목표, 의도가 있음	(질서 그 자체와는 별도의) 어떠한 목표나 의도에 의존하지 않음
의도적으로 구성되어 코디네이트됨	의식되지 않은 방식, 계획되지 않은 방식으로 코디네이트됨
지도자와 규범(지도자를 보조해 목표로 이끌고 가는 규범)으로써 통치됨	정의에 합치되는 규범 또는 룰로써 통치됨
구체적(직관적으로 이해할 수 있음)	추상적(직관적으로는 인식될 수 없음. 구성 요소의 변화에도 불구하고 그것들의 관계 구조 안에서 영속됨)
조직의 규범(Thesis)	**자생적 질서의 규범(Nomos)**
목적이 있음(단기적이고 예측 가능한 구체적 결과를 목표로 함)	목적이 없음
구체적	추상적(결과를 고려하지 않고 장래의 무수한 사례에 적용됨)
의도적으로 형성	자생적으로 진화. 주변부에서는 의도적으로 개선
조직의 구성원에 따라 다름	전원에게 동일한 방식으로 적용
강제적	금지적 또는 부정적

자료: Hayek(1973)에서 재구성.

도적으로 만들어지며 강제적이다. 후자는 목적성이 없고 특정 상황과 환경에 의존하지 않으므로 추상적이다. 또한 자생적·진화적인 방법으로 만들어져 주로 금지적인 성격을 띤다. 이 두 종류의 질서와 그것에 대응하는 두 가지의 규범 사이에 존재하는 대조점은 <표 2-1>과 같이 정리할 수 있다.

하이에크는 자유주의를 지지하고 '설계주의'로서의 사회주의에 반대했다. 설계주의는 조직의 계획을 통해 사회와 경제를 재구축하려는 초합리주의적인 주장이다. 그러나 하이에크의 핵심적 주장은 모든 복잡한 질서에서 "중앙의 지시보다 자생적 진화가 우월하다"(Hayek, 1988: 123)는 원리이다. 지식이나 정보는 세상 여기저기에 분산되어 있다. 그리고 중앙집권적인 방식에는 이러한 지식과 정보를 모두 처리할 능력이 없는데, 이는 오직 자생적 질서에서만 가능하다. 예컨대 자생적 질서에서는 각 개인들이 각자의 이익을 극대화하기 위한 활동을 벌이는데, 이러한 활동들이 어우러지면서 자연발생적인 조절이 이루어진다는 것이다. 하이에크는 이러한 자연발생적인 조절만이 세상에 분산된 지식과 정보를 중앙집중이 아닌 방식으로 처리할 수 있다고 주장한다. "자생적 질서를 조직으로 치환하는 동시에 모든 사회구성원 사이에 분산되어 있는 지식을 가능한 한 많이 이용하는 것은 불가능하다. 또한 직접적인 명령을 통해 개입함으로써 이러한 자생적 질서를 개량하거나 수정하는 것도 불가능하다. 자생적 질서와 조직된 질서를 조합하는 것은 어떻게 봐도 합리적이지 않다"(Hayek, 1973: 59~60).

3) 규범, 지식의 분산, 지식의 전달

하이에크는 규범의 일반 원리를 정식화했다. 그러나 그의 관심이 집중된 영역은 당연히 자생적 질서와 관련된 규범이다. 이 자생적 질서는 멩거의 유기적 제도를 떠올리게 한다. 그러나 자생적 질서에 대한 논의에는 '보이지 않는 손'을 연상하게 하는 하이에크 특유의 설명도 보인다. 하이에크는 특히 여러 세대의 경험을 거쳐 지식이 구체화되는 측면을 강조했다. 이처럼 구체화를 통해 '진화하는' 규범이나 지식에는 다음과 같은 이점이 있다. 이러한 규범 속에서 개인은 구체화를 통해 진화해온 지식을 직접적으로, 그리고 거듭해서 무의식적으로 동원하게 된다. 실제로 지식은 공간적 차원에서 개인들 간에 분산되어 있을 뿐 아니라, 시간적으로도 분산되어 있다. 그러므로 이러한 지식은 특정인이 수집하거나 직접적으로 이용하는 것이 불가능하다(특히 중앙당국은 그렇게 할 수 없다). 다만 개인들은 '정의 합치되는 규범' 속에서 자신이 지식을 이용하고 있다는 것을 전혀 의식하지 못한 상태에서 이러한 지식을 이용할 뿐이다. 이러한 의미에서, 정의에 합치되는 규범은 도구 또는 수단이라는 성격을 띤다. 하이에크에 따르면, "규범은 도구이자 개인이 이용할 수 있는 수단이다. 개인이 자신의 행동을 위해 활용하는 환경에 관한 지식과 마찬가지로, 규범은 개인이 자신의 결정에서 유용하게 활용할 수 있는 데이터의 일부를 제공한다"(Hayek, 1960: 151). 일반적으로 모든 설계주의자가 경시하는 관습의 중요성은 여기에 있다.[1]

1) 베블런은 설계주의자라고 부를 수는 없지만 절차 및 관습에 대한 비판자의 한 사람으로 볼 수는 있을 것이다.

복잡한 질서에서 추상적 규범의 이점 중 하나는 다양한 계획이 있는 여러 개인들의 다양한 예측을 조정하기 쉽게 한다는 것이다 (Hayek, 1973: 117). 이와 같은 규범에 의한 조정은 가격에 의한 조정을 보완하는(또는 기초를 부여하는) 식으로 작용한다(Fleetwood, 1995). 그러나 '정의에 합치되는 규범'의 본질적인 기능은 전체적인 자생적 질서를 가능하게 한다는 것에 있다. 이것은 일종의 '창발(創發)적인' 현상이기 때문에[2] 직관에는 반하는 현상이다. "규범 또는 룰을 통해 결정되는 개인적 행동의 규칙성과 특정 규범 또는 룰을 따른 결과로 발생하는 전체적인 질서와는 확실히 구별되어야 한다"(Hayek, 1973: 133).

4) 국가와 법

법이론에서 하이에크가 참조한 가장 중요한 모델은 영미의 전통인 관습법(코먼로)이다. 하이에크의 관점에서는 이 모델만이 자유의 이념에 부합된다. 반대로 하이에크는 대륙형(프랑스, 독일) 제정법의 전통을 전형적인 설계주의로 본다. "개인의 자유라는 이념이 유행한 곳은 주로 장기간에 걸쳐 재판관이 만든 법의 지배를 받던

---

2) 하이에크는『복잡한 현상의 이론(The Theory of Complex Phenomena)』(Hayek, 1967b: 26)에서 '창발' 개념에 대해 언급했다. 이 개념은 중심적 개념의 위치를 계속해서 유지하지만, 하이에크의 자생적 질서의 이론에서는 암묵적인 형태로 제시되는 것에 그친다.

국민들 사이에서인 듯하다"(Hayek, 1973: 112). 하이에크도 커먼스처럼 일종의 '코먼로 방법'을 채용하고 있지만, 그의 해석은 때로 낭만주의적 친영주의로 평가된다(O'Brien, 1998). 이러한 점에서 하이에크의 견해는 커먼스의 해석과는 명백히 다르다.

하이에크에 의하면 법률은 다음과 같은 종류로 이루어진다. 첫째는 그리스어로 노모스(nomos)인데 예로부터 전해지는 규범(관습)을 바탕으로 하는 법률이다. 이 노모스는 입법자에게도 필요불가결한 법이며, 또 입법자가 제정해야 하는 법이다. 둘째는 반포된 규범으로 이루어진 데시스(thesis)이다. 데시스를 설정하고 제정하는 것은 중앙 당국이다. 이러한 두 종류의 법은 '법'이나 '법률'이라는 동일 명칭으로 불리며 자주 혼동된다. 이는 '자생적 질서 고유의 정의에 부합하는 규범'과 '목표를 지닌 조직의 규범' 사이의 혼동을 상기시킨다. 법실증주의에 반대하는 하이에크에게 '관습이나 관례가 진화해온 규범'이라는 의미의 법률은 입법 이전에 존재하는 것이다. 관습법 모델에 따르면, 만약 입법이 좋은 관습을 견고하게 만드는 경우 이러한 입법은 정의에 합치되는 추상적 규범의 형성에 기여하는 것이다. 그러나 이와 반대로 조직형의 목표를 지닌 전지한 입법자를 전제한 합리주의나 설계주의의 정신에서 선험적(a priori)으로 입법이 진행된다면, '위대한 사회'의 자생적 질서가 위협받을 것이다.

이렇게 국가는 이중의 사명과 이중의 성격을 지닌다. 한편으로 국가는 정의에 부합하는 규범을 정식화하고 승인하는 기능을 한다. 이 정의에 부합하는 규범은 관습법의 법제화 과정을 통해 '발견'되는 것이다. 경우에 따라 관습법도 개선되거나 조정된다(이러한 점은 이미 멩거가 지적하고 있다). 그러나 이러한 경우에서도 사회의 자생적 질서를 유지한다는 관습법의 기능과 일반적·추상적 성격은 절대적으로 유지된다. 바꿔 말하면 국가는 노모스의 보증인이어야 한다. 다른 한편으로 국가는 스스로가 조직된 질서이다. 특히 몇 가지 공적 서비스를 공급하는 기능에서 국가는 목적화된 규범이나 내부 지시에 의거한다. 국가는 어떤 의미에서 다른 조직들 사이에 있는 조직이자 분명 가장 큰 질서이다(이러한 논의는 커먼스의 이론을 반영한 것처럼 보인다). 국가의 이중적 역할은 국가를 초월해 국가를 포함하는 자생적 질서와 관련된 여러 특수한 조직들의 특별한 기능에서 발생한다. 진정한 법치국가는 한편으로는 사회 전체 차원에서 노모스의 추상적 규범을 수호한다. 다시 말해 관습법에서 발생하는 시민법 또는 '민'법을 수호한다. 다른 한편으로 법치국가는 '공'법과 데시스에 속하는 조직 내부의 규범을 지닌다 (Nemo, 1988).

하이에크는 국가의 이러한 두 가지 기능의 혼동이 설계주의나 사회주의 고유의 전통적 오류 중 하나라고 말한다. 설계주의자나 사회주의자는 거대한 조직으로서 사회를 바라보는 경향이 있어 그 결과 노모스와 데시스를 혼동했다. 따라서 그들은 자생적 질서에 대한 통제적 개입을 촉진했다. 이러한 개입은 자생적 질서의 재생산을 위협할 뿐 아니라 불가피하게 악화시키는 효과가 있는데, 이는 악화된 상태를 이전으로 되돌리기 위한 국가의 재개입을 유도하기까지 한다. 결국 이러한 재개입은 사회를 '예종(隷從)에의 길(The Road to Serfdom)'(Hayek, 1944)로 이끌 위험이 있다. 그리고 하이에크는 여기에서 경제적 차원〔시장이나 '교환경제(catallaxy)'의 자생적 질서〕과 정치적 차원(개인의 자유)의 통합을 바탕으로 고전적 자유주의를 재차 주장한다. 이러한 고전적 자유주의는 윤리와 법을 중심축으로 하는 야심적인 제도이론에 입각하고 있다.

5) 문화적 진화

하이에크의 견해는 제도경제학과 관련된 것으로 볼 수 있는데, 그 주된 이유는 하이에크가 제도의 생성이나 진화라는 문제에 유의하기 때문이다. 이는 베블런과 다소 비슷한데 하이에크의 이론에서도 변화의 다양한 수준이나 과정의 접합이 발견된다. 실제로 하이에크는 규범의 형성에서 세 가지 서로 다른 양식의 차이를 강조한다. 게다가 이러한 세 가지의 양식은 규범의 세 단계와 포개어진다. "우선 유전적 유산이라는 견고하고 거의 변화하지 않는 기반, 또는 생리적 구조에 의해 결정되는 '본능적' 동인이라는 기반이 명백히 존재한다. 그다음으로 사회구조의 연속적인 형태에서 획득된 전통과 관련한 잔재물이 그 규범(룰)과 함께 존재한다. 이런 규범은 인간이 의도적으로 선택한 것이 아니라…… 여러 관행이 이러한 규범을 따르는 집단의 번영을 증진시켜왔기 때문에 보급된 것이다. 마지막으로 이 모든 것 위에 기존의 목적에 이바지하기 위해 의도적으로 선택되고 수정된" 규범의 영역이 존재한다(Hayek, 1979: 191). 본능, 관습, 제도라는 베블런의 세 가지 개념은 (베블런을 명백히 경멸했던 하이에크는 베블런의 세 가지 개념에는 손을 대지 않았다) 하이에크에게 본능, 유기적 규범, 실용주의적 규범(멩거의 용어를 빌렸다)이라는, 역시 연속된 세 가지의 개념으로 대치된다. 제도의 양상에 따라서는 싸움으로까지 발전하는 투쟁 본능에 주목한 베블런은 노동 본능이나 친성(親性) 성향(parental bent)과 같은 유익한 본능이 유익하지 않은 본능을 지배하게 하는 제도의 구도에 자주 관심을 보인 것으로 보인다.

반대로 하이에크는 연대심이나 이타심과 같은 '유전적' 본능에 대해서는 경계심을 보였다. 하이에크는 그것이 원시적인 소집단에는 적용될 수 있지만 확장되고 복잡한 질서에는 적용될 수 없다고 생각했다.[3] 그리고 그는 언제나 인간의 무지에는 축소되거나 감소될 수 없는 부분이 있다는 것을 인식하지 못하는 여러 논의에 대해서는 판단을 보류했다. 다음으로 그는 세 가지 가운데 두 번째 차원, 즉 진화에서 살아남은 규범을 기초로 이루어진 전통에 대해

---

3) 하이에크의 '사회적 정의' 개념에 대한 비판(Hayek, 1976)의 근거 중 하나는 이러한 점에 있다.

말한다. 여기에 나타나는 하이에크의 입장은 계승된 제도가 대개 의고(擬古)적이고 부적합하다고 주장하는 베블런의 입장과는 반대이다. "본능적으로 정당한 것으로 인식되는 것도 아니고 특정 목적에 기여하는 것으로 인식되는 것도 아닌 상황에서, 과거로부터 계승되어온 전통적 규범이 사회의 기능에 가장 유익한 것이라는 점은 오늘날 지배적인 설계주의적 견해를 거부하게 하는 하나의 논거가 된다"(Hayek, 1979: 194).

하이에크는 정의에 합치되는 규범의 생성과 발전을 '진화'라는 화두로 이해했다. 그에게 '진화'는 '자생적 질서'의 쌍생아와 같은 개념으로, 말년의 저작에서는 '문화적 진화'라는 형태로 많이 사용되었다. 문화적 진화는 다른 진화, 특히 생물학적 진화 과정으로 환원되거나 유비될 수 없는 특성을 가지고 있다. 문화적 진화는 특히 자연적이지도 인공적이지도 않은 바로 '문화적'인 선택 양식을 바탕으로 한다. 이 선택 과정은 (사회적 다원주의의 이미지와 같이) 개인의 선택을 대상으로 하는 것이 아니라 규범을 대상으로 한다. 그것은 다음과 같은 사회적인 '군(群) 선택'을 통해 작용한다(Hayek, 1979: 205).4) 예컨대 정의에 합치되는 규범은 원래 개인에 의해 만들어지는 것이지만, 이것이 더 큰 집단에 의해 채용되는 경우, 뚜렷

---

4) 하이에크의 이론에서 오스트리아학파 내부를 포함해 반론이 가장 많은 개념 중 하나가 바로 이 사회적인 군(집단) 선택이다. 몇몇 논자는 이 개념이 방법론적 개인주의에 반한다고 주장한다.

한 문화적 전통을 만들어내면서 보급된다(Hayek, 1973: 90). 다음으로 다른 집단에 비해 상대적인 번영이나 확대(인구 증가, 외부인 흡수)를 바탕으로 성공한 집단의 규범은 일부 다른 집단에 의해서 모방된다. 그 결과 이러한 규범은 확장되고, 다른 한편에서 재생산에 기여하지 않은 규범을 채용한 집단은 쇠퇴하거나 성공한 집단에 흡수된다. 여러 개인의 혁신(innovation) 과정(그것은 원래 기존의 규범에서 벗어나는 과정이다)은 쉬지 않고 계속되는 과정이지만, 각각의 집단이 획득한 다양한 비교우위에 따라 작용하는 선택 과정(Hayek, 1979: 186)은 최종적으로 자생적 질서에 가장 유익한 규범만을 살아남게 하여 이를 뿌리내리게 한다.

사실 하이에크의 이론은 사회집단의 원시적인 진화에 관한 특정한 해석을 바탕으로 한다. 이 이론은 다분히 낭만주의적이며, 대부분 정복과 폭력으로 강하게 점철된 인류의 역사적 경험과는 합치되지 않는 것으로 보인다. 예를 들어 하이에크가 고발한 근대 특유의 설계주의적 경향과 이에 연관된 규범 또는 룰은 점진적인 수입과 모방으로써 확대된 것은 아니다. 제2차 세계대전 이후 구미에서 지배적이었던 케인주주의 및 사회민주주의를 제도 설계의 귀결로 본다면, 역시 경제적 성과만으로 관련 제도의 보급을 설명할 수 없다. 즉, 특정 제도의 성립은 경제적 요인뿐만 아니라 노동자의 투쟁과 같은 정치적 요인을 고려하지 않으면 설명할 수 없는 것이다. 그럼에도 하이에크에게 도덕적 규범, 소유제도, 화폐제도, (광의로서의) 법제도는 문명화 및 경제적 확대와 같은 문화적·생산적 진화의 결과로 받아들여진다. 정의에 부합되는 규범은 역시나 모호하고 오해를 부르기 쉽지만, 하이에크에 의하면 다음과 같은 주목할 만한 특징이 있다. 다시 말해 정의에 부합되는 규범의 유용성은 우선 '추상적인' 자생적 질서를 머릿속에서 재구성하지 않으면 이해되지 않는다.

"개인은 전체적인 질서에 대해 어떠한 개념을 갖는 것도 불가능하다. 전체적인 질서는 집단 내의 친족 관계나 혼인 관계의 규범 또는 소유에 관한 상속 규범 등을 개인이 지킨다는 사실에 의해 만들어지는 것이다. 또한 개인은 이러한 전체적인 질서가 수행하는 기능에 대해 어떠한 관념을 갖는 것도 불가능하다. 그럼에도 실존하는 종(種)에 속하는 모든 개인은 이러한 관념이 있는 것처럼 행동한다. 그 이유는 이러한 행동을 따르는 개인들의 집단이 이렇게 행동하지 않는 개인들을 배제하기 때문이다"(Hayek, 1967a: 70).

3. 오이켄과 질서자유주의

월터 오이켄(Walter Eucken, 1891~1950)과 프란츠 뵘(Franz Böhm), 프라이부르크학파라는 이름으로 알려진 질서자유주의[5]는 독일 사상

---

5) 역주 – 질서자유주의라는 이름은 옛 서독에서 1948년에 창간된 ≪Ordo(질서)≫에서 유래한다. 중앙관리경제와 고전 자유주의의 자유방임을 모두 거

의 제도경제학에 대한 공헌 중 하나로 들 수 있다. 이들은 독일 역사학파의 제도적 접근 방법과 한계주의 및 오스트리아학파의 전통에 따른 추상적 분석을 중시하는 접근 방법 사이에서 일어난 방법 논쟁에서 발생한 균열을 극복하려고 했다.

1) 경제적 질서, 소유, 계획화

오이켄은 일반화된 추상법과는 다른 '유리(遊離)적(중점고양적) 추상'법을 통해 경제적 질서의 반복적 형태를 역사 속에서 식별하려 했다. 그리고 중앙지도경제와 유통경제라는 대립하는 '순수형'의 형태론을 이끌어냈다. 중앙지도경제는 경제 단위의 지도자가 활동을 계획하는 단순 중앙지도경제와 관리 기구가 계획화를 담당하는 중앙관리경제라는 두 가지 형태로 나뉜다. 유통경제에도 물물교환경제와 화폐경제라는 두 가지 형태가 있다. 두 가지 큰 틀과 각각의 형태는 나아가 (이념적인) 하부형으로 세분화된다. 예를 들어 유통경제에 시장의 다양한 형태가 있는데, 역사적으로 존재한 여러 경제시스템의 놀라운 다양성은 제한된 수의 경제질서의 순수형이 다양하게 조합된 결과이다.

오이켄에게 경제질서를 구별하는 주요 기준은 소유가 아니라 계획하는 권력(사용권)의 배분이다. 따라서 소비에트 러시아에서는

부하고 자유경쟁 질서의 인위적 형성(질서정책)의 필요성을 강조했다.

생산수단이 집단적 소유였고 나치 독일에서는 사적 소유였는데, 양자는 중앙지도경제의 두 가지 틀을 구성한다. 경제시스템에 관한 이론을 소유 기준을 중시하는 이론과 조절 기준을 중시하는 이론으로 나눈다면, 오이켄은 분명히 후자에 속한다. 코르나이는 (미제스로 거슬러 올라가는 오스트리아학파의 전통에 따라) 소유 기준의 우위를 유지하면서, 이 두 가지 기준을 결합하려 했다(Kornai, 1992).

2) 경쟁적 질서의 보증인으로서의 국가

프라이부르크학파의 질서자유주의는 국가를 '시장질서의 수호자'로 본다는 점에서 맨체스터학파의 자유주의와는 다르다(국가를 진화를 통해 구축되는 자생적 질서로 보는 하이에크와도 다르다). 오이켄은 경제주체의 자유를 강조하면서도 질서를 만들어내는 경제의 입헌적 규범을 강조한다. 이러한 질서를 통해 경제주체의 자유는 적절한 방법으로 전개될 수 있다는 것이다. 이는 하이에크의 이론과 유사성이 보이지만(하이에크는 1950년대 프라이부르크 대학의 교수였다) 하이에크의 관점에서 오이켄에게는 '자유설계주의'라고 부를 수 있는 방향성이 있다.[6]

---

6) 1960년경까지 하이에크는 비교적 상당한 '설계주의적'인 자유주의 지지자였다. 따라서 모든 개입주의에 대한 거부를 강조하는 1970~1980년대의 저작에 비해 그 당시 하이에크의 저작에는 독일의 질서자유주의에 대한 일종의 친근감이 발견된다. 또한 하이에크는 『법, 입법, 그리고 자유』(1979)

하이에크는 시장질서의 조건으로서 장기적 진화로 형성된 '정의에 부합하는 규범'을 중요시하지만, 오이켄은 경쟁적 자유가 존립·유지되는 전제 조건으로서 국가의 의도적인 입헌적 규범 제정을 강조한다.

오이켄은 경제적·사회적 질서가 규범 또는 룰이나 제도를 바탕으로 하는 이상 질서정책은 법적·제도적 틀을 중심으로 하는 정치이며, 그것을 '제도적 정치'라고 부른다. 소유권을 보증할 뿐인 국가에서 경쟁은 자생적으로 발전하거나 유지될 수 없을 것이다. 즉, 경쟁 자체는 독점화 경향이나 이익집단에 의해 훼손될 것이다. 경쟁의 성립과 지속을 보증하는 것은 국가의 역할이다.[7]

3) 입헌적 원리와 조정적 원리

오이켄은 유통경제질서가 바람직한 형태이지만, 그러므로 자생적으로는 형성되지 않는다고 말한다. 그것은 법치국가에 의해 창설되고 보호되지 않으면 안 된다. '질서의 정치'는 입헌적 원리와 조정적 원리로 구별되는 여러 원리의 위계 구조에서 출발해야 한다. "입헌적 원리는 경제적 구성체의 원리이다. 그것을 구체적인

에서는 자유의 입법적 모델을 제시했다.

7) 발라도 동일한 이론을 만들었다. "사회에서 경제적인 자유경쟁을 성립시키고 유지하게 하는 것은 입법의 역할이며, 국가에 속하는 매우 복잡한 입법의 역할이다"(Walras, 1898: 476).

역사적 상황에 공통적으로 적용함으로써 경제적 질서가 발생하는 조건이 만들어지고 확고한 경제적 질서(또는 시스템)가 구성된다"(Eucken, 1952: 289). 입헌적 원리로는 고정적 규범에 따라 화폐의 안정성을 보증하기 위한 화폐정책의 우선, 개방적 시장, 사적 소유, 계약의 자유, 기업과 가계의 (무제한의) 책임, 경제정책의 안정성 등이 있다. 조정적 원리는 입헌적 원리에 종속되어야 하는 것이다. 예컨대 독립적인 독점 감시 기관이 실시하는 독점 및 카르텔 억제 정책, 일종의 재분배로서 기능하는 누진적 세제, 부(負)의 외부성 수정, 노동시장 관리 등의 사례가 있다.

'사회적 시장경제(Soziale Marktwirschaft)'라는 독일적 사고방식은 더 폭넓은 재분배 형태를 허용함으로써 질서자유주의적 전통을 연장했다.[8] 최근 유럽 헌법조약 초안은 주로 앵글로색슨적 성향의 현대 경제적 신자유주의의 영향력과 (독일의 질서자유주의를 초월한) 사회적 시장경제의 영향력이 충돌하는 영역이 되었다. 반베르크 (Vanberg, 1994)에 의하면 프라이부르크학파는 어떤 면에서 자유의 정신을 바탕으로 입헌적 규범에 합리적 선택 규범을 적용한 뷰캐넌(James McGill Buchanan Jr., 1919~ , 공공선택의 이론을 제창한 미국의 경제학자이자 재정학자-역자)의 입헌주의 경제학의 선행자이다.

---

8) 하이에크의 자유주의는 '사회적'이라는 '뒤틀린 용어'를 오류와 혼동의 근본 원인으로 간주하여 그것의 사용을 반대한다. 동시에 사회적 시장경제와 '사회적 정의의 환영(幻影)'에 대해서도 반대한다(Hayek, 1976).

제3장

신제도학파 경제학

1. 윌리엄슨과 거버넌스 메커니즘

윌리엄슨(Oliver Williamson, 1932~)은 '신제도학파 경제학'의 명명 자이다(Williamson, 1975: 1). 1990년대 이후 다양한 학파가 주목한 '신제도학파 경제학'은 제도가 중요하다는 사고방식을 견지한다. 그리고 표준적 경제이론(신고전학파 경제학)을 수정하기만 하면 그 것을 이용해 제도를 분석할 수 있다고 주장한다. 그의 『시장과 기 업조직(Markets and Hierarchies)』(1975)이라는 저작에서 처음으로 사용 된 '신제도학파 경제학'이라는 표현은 미국의 '구(舊)제도학파 경 제학'과의 관계를 분명하게 담아내고 있다. 그러나 신제도학파 경 제학은 구제도학파 경제학에 대해 비판적이며, 이들이 구제도학파 경제학을 비판하는 논거는 대부분 신고전학파 경제학의 방법론적

전통에 의존하고 있다.[1]

1) 시장, 기업, 거래비용

신제도학파 경제학에서 제도가 도입되는 중요한 주제 중 하나는 조직(특히 기업. 윌리엄슨의 용어를 따르면 위계조직)이다. 코스(Ronald H. Coase)는 이후 유명해진 논문에서 기업의 존재가 전통적 경제학에서 설명되지 않은 점을 지적했다(Coase, 1937). 코스는 이러한 설명을 '가격 메커니즘을 이용하는 데 필요한 비용' 또는 '시장이 기능하는 데 필요한 비용'이라는 표현을 사용해서 풀어냈다. 즉, 적정 가격의 산출이나 각각의 계약교섭에는 그러한 비용이 든다. 그러한 비용이 높을 때 개인은 기업에서 일하는 것을 선택할 것이다. 그러므로 자신의 서비스나 생산물을 직접 시장에서 파는 것보다 경영자의 권위라는 우산 아래에 자발적으로 들어간다. 이렇게 해서 "시장거래는 배제되고 시장 및 교환거래의 복잡한 구조는 생산을 관리하는 조정자로서의 기업으로 치환된다. 이것이 바로 생산

---

[1] 구제도학파 경제학이 비이론적 또는 반이론적인 경향을 지녔다는 견해는 신제도학파 경제학에서 지배적으로 자리 잡고 있다. 코스는 '신제도학파 경제학'이라는 표현은 구제도학파 경제학과 구별하기 위한 것이라고 보았다. "커먼스, 미첼(Wesley C. Mitchell) 및 그들과 관련이 있던 사람들은 큰 지적 규모를 지녔다. 그러나 그들은 반이론적이었으며 사실상 분열된 학파를 통일하기 위한 이론을 갖고 있지 않았다. 또 그들은 후세대에 전할 수 있는 것을 전혀 가지고 있지 않았다"(Coase, 1998: 72).

의 조정을 위한 대체적인 방법이라는 것은 명백하다"(Coase, 1937: 46). 이 경우 기업은 시장을 대신해 가격 결정에 필요한 비용을 절약할 수 있다. 그러나 기업 규모가 커질수록 감독비용이나 관리비용 상승과 같은 역작용이 두드러진다.

이상이 윌리엄슨이 발전시킨 '거래비용' 개념의 본질적 기초이다. 기본적 분석 단위로서의 '거래'는 커먼스에게서 빌린 개념임이 명백해 보인다. 윌리엄슨은 주요한 '자본주의의 제도'는 시장과 위계조직(회사, 기업)이다.[2] 이 두 가지와 더불어 기업 간의 지속적인 관계들로 이루어진 '혼합 형태(하청, 제휴, 다양한 협력 등의 관계적 계약)'가 있다(Williamson, 1975).[3] 여기에서 문제가 되는 것은 조직의 '선택' 문제이다. 이는 각종 거래가 시장을 통해 이루어지는지 아니면 위계조직을 통해 이루어지는지에 관한 것이다. 윌리엄슨은 이러한 각 제도가 대체적인 '거버넌스 구조(조직의 통치 또는 지배구조)'임을 강조했다.

---

2) 최근에 코스는 다음과 같이 밝혔다. 경제학자의 연구 중심에 있는 제도는 "경제시스템의 제도적 구조를 함께 형성하는 기업과 시장이다"(Coase, 1997: 10).

3) 윌리엄슨은 나중에 (국가의) '관료 기구'를 이 세 가지에 추가한다. 윌리엄슨(Williamson, 1996: 4~5)은 '거버넌스의 제도(시장, 혼합 형태, 위계조직, 관료 기구)'를 언급하며 비주류 학파인 제도이론에 접근하고 있다. 비주류인 제도주의 이론에서는 시장, 조직, 국가의 네트워크를 결합한 자본주의적 조정(코디네이션)의 복합적 모델을 볼 수 있다.

2) 거버넌스 양식의 비교효율성

윌리엄슨의 제도적 분석의 중심은 경제의 미시 또는 메조(meso) 수준(미시 수준과 거시 수준의 중간)에서 여러 조직 형태의 (정태적) 효율성을 시장과 비교하는 것이다. 윌리엄슨은 여러 조직 형태를 '제도 배치'(복수의 제도의 집합)로 보고 있다. 좀 더 광범위한 문제들(관습, 법, 정치)은 '제도적 환경'에 속해 있지만, 실제로 윌리엄슨이 주로 연구한 것은 조직을 중심으로 하는 제도경제학이다. 윌리엄슨은 시장 그 자체도 제도로 간주하고 있으나, 이 점에 관해서 실제로 분석하지는 않았다.

윌리엄슨은 코스가 시작한 기업의 존재에 관한 고찰을 이어받았다. 그의 행보는 신고전학파의 전통에 대한 비판이 중요하다는 점을 시사한다. 그는 다음과 같이 신고전학파의 몇 가지 가정을 문제로 삼는다. 그는 은유적으로 '처음부터 시장이 존재했다'라고 가정하고, 그러한 조건에서 거래비용의 중요성 때문에 시장에서 분화되는 형태로 기업이 나타났다고 생각한다(Williamson, 1975). 물론 신고전학파 경제학에서는 생산비용만이 존재할 뿐 거래비용은 고려하지 않는다. 또한 윌리엄슨은 스스로를 신고전학파와 구별하기 위해 '한정합리성'(또는 제한된 합리성. 인간은 완전하게 합리적인 존재가 아니라 시야와 합리성에는 한계가 있다는 견해)이라는 개념(부분적으로 사이먼의 개념을 바탕으로 하는 개념)과 기회주의〔정보의 비대칭성과 편재(偏在)를 이용해 자기 이익을 추구하는 전략적 행동〕라는 명제를 사용한다. 다시 말해 '호모 컨트랙터(계약인)'는 자기 이익을 지키기 위해 거짓말을 하거나 기만한다는 점에서 호모 이코노믹스(경제인)와는 구별된다. '인적 자산'의 특정성과 더불어 거래비용이 여러 측면에서 중요해지는 본질적 근거가 바로 여기에 있다. 또한 이러한 가설은 신고전학파 가설과의 차이로 제시되고 있다.

그러나 윌리엄슨은 효율성을 통한 접근이라는 신고전학파적 가설을 계속 유지한다. "거래비용의 경제학은 본질적으로 거래비용의 절약(삭감)을 실현하기 위해 조직의 다양성이 출현한다는 반증 가능한 가설을 지지한다"(Williamson, 1985: 349). 따라서 윌리엄슨은 위계조직을 권력에 관한 사상(事象)으로 설명하는 마글린(Stephen Maglin) 등의 급진파 경제학4)과는 거리를 둔다. "종래의 이론에서 경제제도는 계급적 이해관계, 기술, 독점력 등을 바탕으로 설명되었다. 이러한 이론과는 반대로 거래비용적 접근의 주장은 제도에 거래비용 절약이라는 주목적과 효과가 있다는 것이다"(Williamson, 1985: 1). 특히 윌리엄슨은 사이먼의 한정합리성, 다시 말해 여러 주체가 정보에 접근하거나 처리할 때에 부딪치는 한계를 중시한다. 다만 윌리엄슨은 사이먼이 '만족화' 원리5)를 사용해 신고전학

---

4) 역주—기존의 경제학이 고도 자본주의 사회의 모순에 무력하다는 것에 반발해 등장한 경제학. 마르크스를 재평가하는 사조와도 연관되어 있다.
5) 역주—일정한 달성 요구 수준을 설정해 그것이 달성되기만 하면 그 이후에는 대안 탐색이나 평가를 수행하지 않는다는 행동 원리이다.

〈표 3-1〉 윌리엄슨의 신제도학파 경제학 분류

이론	차원	제도 변화 주기	목적
차원 1 사회이론	비공식적 제도, 관습, 전통, 규범, 종교	100~1,000년	대개 계산되지 않음 자생적임
차원 2 소유권이론 /실증정치학	제도적 환경: 공식적 게임규칙 또는 규범, 특히 소유(나아가 정치, 사법, 관료제)	10~100년	제도적 환경의 정비 차원 1의 질서 절약
차원 3 거래비용이론	거버넌스: 게임을 진행하는 수법, 특히 계약(나아가 거래에 수반되는 거버넌스 구조)	1~10년	거버넌스 구조 정비 차원 2의 질서 절약
차원 4 신고전학파 이론/대리인이론	자원의 분배와 이용(가격과 수량; 인센티브의 조정)	지속적	한계적 조건의 정비 차원 3의 질서 절약

주: '경제화 또는 절약'은 실제로는 효율성의 이론 또는 '계산된 합리성'에 귀속된다. 윌리엄슨은 세 가지 차원의 절약을 구별하고, 각 차원에 대응해 경제화 또는 절약이라는 개념을 (공식적) 제도 환경, 거버넌스 구조(제도 배치) 및 한계적 조건에 적용하고 있다. 또한 윌리엄슨은 차원 1에서 일어나는 변화가 자생적인 반면, 차원 2, 3에서의 변화는 의도적이라고 했다(멩거의 용어로는 차원 1의 제도가 유기적이며, 차원 2, 3, 4의 제도는 실용주의적이다).
자료: Williamson(2000).

파의 최적화 가설을 비판하고 있는 점은 채용하지 않았다. 확실히 거래비용의 최소화는 절약(economizing), 즉 경제화를 의미하며, (광의의) 최적화 원리에 속하는 것이 분명하다.

여하간 1990년대 이후 거래비용을 바탕으로 하는 매우 많은 연구가 윌리엄슨의 신제도학파 경제학에 의거해 전개되었다.

3) 신제도학파 경제학의 중간적 위치

신제도학파를 총괄하는 논문에서 윌리엄슨은 신제도학파 경제학이 속하는 2개의 이론 차원(<표 3-1>의 차원 2와 3)을 제시했다 (Williamson, 2000). 신제도학파 경제학은 빈번하게 반복되는 거래에

적합하다고 생각되는 신고전학파 경제학(차원 4)과 수세기 단위의
사건을 다루는 역사학이나 사회학 등의 '사회이론'(차원 1) 사이에
위치한다. <표 3-1>은 거래비용이론이 신고전학파 이론에 더 가
깝다는 것을 보여준다. 한편 소유권이론은 사회이론에 가까운 것
으로 나타난다. 나중에 소개할 노스의 이론은 표에 직접적으로는
나와 있지는 않지만, 이론적으로 보면 차원 1과 2에 위치한다. 노스
의 이론은 비교적 장기의 제도 진화를 고려한다는 것과 더불어 몇
가지 점에서 신고전학파 이론과의 차이가 거래비용이론보다 더 크
기 때문이다.

2. 노스: 공식적 제도와 비공식적 제도

노스(Douglass North, 1920~)는 다음과 같은 점에서 특히 중요한
'신제도학파 경제학자'이다. 그의 경제사 연구는 역사에 관한 수량
적 방법〔수량경제사(cliometrics)〕을 중시해 개인의 효용극대화를 바
탕으로 하는 효율성의 문제를 중시하면서도 신고전학파에 대한 비
판적 논의를 통해 신고전학파적 입장에서 진화를 이끌어냈다.

그는 제도의 중요성을 강조해 신고전학파적 전통에서 서서히 멀
어져 그 한계를 비판하게 되었다. 1990년대부터는 독자의 제도이
론을 전개해 비주류학파인 제도경제학의 주제 및 개념과 노스의
그것 사이의 경계는 매우 불분명해졌다.

제도에 관한 노스의 저작

Institutional Change and American Economic Growth (제도 변화와 미국의 경제성장),
     with L. Davis, Cambridge: Cambridge University Press, 1971.
The Rise of the Western World: A New Economic History (서구세계의 발흥: 새로운
     경제사의 시도), with R. Thomas, Cambridge: Cambridge University Press, 1973.
Structure and Change in Economic History (경제사의 구조와 변화), New York: W. W.
     Norton & Co., 1981.
Institutions, Institutional Change and Economic Performance (제도, 제도적 변화와 경
     제적 성과), Cambridge: Cambridge University Press, 1990.
Understanding the Process of Economic Change (경제 변화 과정의 이해), Princeton:
     Princeton University Press, 2005.

1) 신고전학파의 한계

노스는 견지하는 신고전학파 이론의 측면은 희소성의 공준(公
準), 다시 말해 경쟁의 원리, 제약 조건하의 선택 개념, 미시경제학
이론(가격 이론), 상대가격 효과이다. 한편 노스는 신고전학파 전통
의 오류로 다음과 같은 점을 든다. 첫째로 신고전학파는 제도와
시간을 무시한다. 둘째로 거래비용, 관념과 이데올로기의 역할 및
경제에 대한 정치 과정의 역할을 경시한다. 셋째로 신고전학파의
합리성 개념은 '해체'되어야 하는 것이다(North, 1994). 사이먼을 참
조해 노스는 대부분의 경제적 선택이나 정치적 선택에 동반되는
불확실성의 상황을 언급하면서 개인 지식의 한계와 정보처리 능력
의 한계를 강조한다. 그러나 노스는 윌리엄슨과 마찬가지로 개인
의 효용극대화를 견지하려고 한다. 즉, 결정에 직면하는 개인의
'만족화' 행동, 다시 말해 비최대화 행동에 관한 사이먼의 명제를

무시하는 것이다.[6]

2) 공식적 · 비공식적 제도와 그 시행

"제도는 인간이 만든 제약이며, 인간의 상호작용을 구조화한다. 그것은 공식적 제약(규칙, 법률, 헌법), 비공식적 제약(행동 규범, 관행, 자신에게 부과하는 행위규범), 그 시행(enforcement)에 관한 특성으로 이루어진다"(North, 1994: 360). 이러한 정의와 관련하여 제약이라는 개념의 채용, 공식적 제도와 비공식적 제도의 구별, 나아가 이 두 종류의 제약이 작용하는 양식이나 적용(시행)되는 형식의 차이 고려와 같은 것들이 강조된다. 노스는 제도의 성격을 설명하기 위해 (스포츠의) '게임규칙'이라는 비유를 사용하지만 게임이론에서는 전혀 다른 시각에서 그것을 사용한다.

1990년 저작 이후 노스는 다음과 같이 신념의 구조의 역할을 더욱더 강조하게 된다. 합리성에 관한 신고전학파의 가설은 의심스러운데, 그 이유는 "관념, 이데올로기, 신화, 독단(dogma)이나 편견이 중요하다는 것을 역사가 설명"(North, 1990: 362)하고 있기 때문이

---

6) 사이먼(Simmon, 1987)에게 개인은 목표의 최대화를 지향하는 존재가 아니다. 최대화의 전제가 되는 것은 대안에 관한 포괄적 지식, 관련된 정보를 처리할 수 있는 높은 능력, 또 선택을 하기 위해 필요한 넉넉한 시간적 여유이다. 현실에서 개인은 자신의 목표를 추구하는 데 (최대화가 아니라) '만족화' 수준에서 만족한다. 이 수준에 도달했을 때 개인은 대안을 찾는 것을 그만둔다.

다. 제도와 같이 이데올로기도 '공유된 심리적 모델의 계층'으로 볼 수 있다. 불확실성이 큰 상황에서 선택에 직면한 개인은 심리적 모델의 도움을 받아 행동하게 된다. 그리고 개인 간의 커뮤니케이션이 공유되는 심리적 모델을 만들어낸다. 나아가 이것은 "공진화(共進化) 과정에서의 이데올로기와 제도의 창출"(Denzau and North, 1994)로 이어진다. 이러한 노스의 사고방식에 대해 독자는 제도가 공유되는 사고관습이라는 베블런의 논제가 재발견되는 것 같은 인상을 받을 수도 있다.

2005년의 저작에서 노스는 본질적으로 인지적 접근법을 통해 경제 변화를 분석하고 있으나[7] 여기에서 구제도학파와의 병행성이 특히 명백해지게 되었다. 그 예로서 시행 룰과 계산 프로세스는 제도구조 안에 내재하고 있다는 사고방식을 들 수 있다. "합리적 선택에 관해 일어나는 것의 대부분은 개인의 인지에 속하는 것이 아니라 오히려 더욱 큰 사회적·제도적 맥락에 의해 개인의 사고 과정이 종속되어 있음을 보여준다"(North, 2005: 24).

3) 권력과 효율성

초기 저작에서 노스는 제도에 관해 신고전학파적인 접근법을 채용했다. 이러한 신고전학파적 접근에서 제도는 경제적 문제에 대

---

7) 노벨상 수상 기념 연설에서 노스는 '인지적·제도적 접근'(North, 1994: 365)을 언급했다.

한 효율적인 해법이다. 그러나 노스는 점차적인 진화를 거쳐 이러한 사고방식을 완전히 포기하고 나아가 그것을 뒤집어 나중에는 제도가 권력을 바탕으로 한다고 주장하게 된다. "제도는 반드시 사회적으로 효율적이게 만들어진 것은 아니며, 더구나 항상 그런 식으로 만들어진다는 것은 있을 수 없는 일이다. 적어도 공식적 규칙의 경우에는 오히려 새로운 규칙을 만들기 위한 교섭력을 가진 자의 이익에 기여하도록 만들어진다"(North, 1994: 360~361). 그 결과 경제 시장이 효율성의 조건을 만족시키는 것은 예외적인 경우일 뿐이다. 한편 '정치 시장'의 경우 그러한 일은 결코 있을 수 없다. 여기에서는 공공선택이론의 영향이 느껴지는데, 그러나 노스는 공공선택이론이 비공식적 제도를 무시한다고 비판했다. 다만 그럼에도 노스에게 기업가나 '의뢰인'이 합리적으로 효용극대화를 수행하는 자의 지위를 유지한다는 점은 기억해두자.[8]

효율성이라는 주제에 관해 노스는 신고전학파 전통에서는 파레토 최적 조건으로 규정되는 분배적 효율성과 적응적 효율성을 구

---

8) 노스는 『경제사의 구조와 변화(Structure and Change in Economic History)』 (1981)에서 이미 다음과 같이 밝힌다. "제도는 규칙(룰), 관례적 절차, 행동 규범, 도덕의 집합이다. 이것들은 지배자(의뢰인)의 부나 효용의 최대화를 목표로 하며 개인의 행동을 속박하기 위해 고안된다"(North, 1981: 202). 따라서 제도의 효율성이라는 명제를 포기하는 것은 최대화 행동을 재검토하는 것을 의미하지 않는다. 이는 곧 노스가 한정합리성에 전면적으로 기대고 있는 것은 아니라는 의미이다.

별한다. 노스는 적응적 효율성이라는 개념을 넬슨(Richard Nelson)과 원터(Sydney Winter), 펠리컨(Pavel Pelikan)의 진화경제학[9]에서 차용해 이 개념을 시간을 초월해서 경제의 진화에 조건을 부여하는 여러 규칙에 적용한다. 즉, 노스는 이 개념을 거시적·역사적 차원으로 옮겨놓은 것이다. "장기적 성장의 열쇠는 분배적 효율성이라기보다 적응적 효율성이다. 성공한 정치적·경제적 시스템은 유연한 제도 구조를 발전시켰다. 이러한 제도 구조 덕분에 시스템은 성공적 진화에 동반되는 충격이나 변화를 견디고 살아남을 수 있는 것이다. 그러나 이러한 시스템은 오랜 숙성 기간을 거쳐 만들어진 것이다. 단기간에 적응적 효율성을 만들어내는 방법을 우리는 알지 못한다"(North, 1994: 367).

4) 조직과 제도

노스는 구제도학파와 반대로 제도와 조직의 구별이 중요하다고 주장한다. "제도를 게임규칙이라고 한다면 조직과 조직 내 기업가는 게임의 참여자이다." 규칙은 게임을 진행하는 방법을 정의한다. 한편 각 팀은 이러한 규칙의 집합 속에서 전략, 조정, 능력, 공정한 또는 불공정한 수단을 사용해 승리를 얻으려고 한다. 조직은 목표

---

9) 역주-슘페터와 베블런을 바탕으로 경제시스템의 진화를 중시하는 경제학의 조류로서 존재했으나 넬슨과 원터(Nelson and Winter, 1982)가 이론적 기초를 구성한 이후 놀랍게 발전하고 있다.

달성이라는 공통의 목적으로 형성된 개인의 집합이자(North, 1990: 4~5), 정치·경제·사회·교육 조직 등으로 구별된다. 그리고 그것들은 학습의 장이다.

노스는 조직과 제도 간 상호작용이 중요하다고 말한다. 제도의 틀은 만들어진 조직의 종류와 그 진화의 조건이 된다. 반면 조직은 제도 변화의 원천이기도 하다. "만들어진 조직은 제도의 매트릭스가 만들어내는 여러 기회를 반영하게 된다. 제도적 환경이 사기 행위에 보수를 제공할 경우 사기 조직이 만들어질 것이다. 그러나 제도적 환경이 생산적 행위에 보수를 제공할 경우 생산적 활동에 종사하기 위한 조직, 즉 기업이 만들어질 것이다"(North, 1994: 361).[10] 실제로 제도는 항상 두 가지 대립되는 인센티브를 갖추고 있다. 이러한 모순되는 두 가지 차원 중 어느 쪽이 우세한지에 대해 역사와 상황이 지닌 함의를 아는 것이 중요하다. 제도적 환경 또는 제도적 양상은 "생산성을 높이는 활동을 촉진하는 제도와 진입 장벽을 만들거나 독점적인 제도적 제한을 장려하거나 낮은 비용의 정보의 흐름을 방해하는 제도와의 혼합"이다(North, 1990: 64). 따라서 기존의 제도는 기존의 조직 또는 새로운 조직을 만들려는 기업가가 이익을 얻는 우대 조치나 기회를 결정한다. 반대로 조직은 확립된 틀 안에서 진화해가는데 이러한 틀을 수정하려고 하는 경

---

10) 이러한 개념은 약탈 행위와 제작 행위라는 베블런의 개념을 상기시킨다.

우도 있다. 이러한 "피드백 과정"은 결정적이다(North, 1990: 7). 이러한 점은 제도와 조직이라는 두 차원의 구별을 통해서만 제대로 이해할 수 있다.

5) 제도의 변화

노스의 제도이론에는 혼란스러운 측면이 있어 때로는 이론의 일관성이 저하된다. 예컨대 노스의 이론에서 제도의 변화를 불러오는 원인은 다음과 같이 다양하다. 상대가격이나 선호의 변화, 조직과 그 안의 기업가, 또는 권력 보유자와 국가의 활동, 나아가 신념이나 심리적 모델의 진화 등에 이러한 원인이 있는지도 모른다. 이러한 모든 경우에서 역사적으로 우세하게 나타난 것은 점진적 유형의 제도 변화이다. 근본적이고 대규모의 제도 변화는 전쟁, 정복, 혁명이나 자연재해의 경우에 한정되며 매우 드물다. 이렇게 심리적 모델은 장기간에 걸쳐 점진적·다원적인 형태로 진화하는 경향을 보인다. 점진적인 진화는 거대한 변화의 단기적 또는 에피소드적 사건 뒤에 계속해서 일어난다. 이러한 타입의 진화는 굴드(Stephen Jay Gould)와 엘드리지(Niles Eldrege)의 '단속(斷續)평형설[11]'을 상기시킨다(Denzau and North, 1994). 결국 제도 변화의 과정에서 작

---

11) 역주—생물의 진화가 일정한 속도로 진행되는 것이 아니라 급속한 변화가 짧은 기간에 돌발적으로 일어난다는 이론으로 굴드와 엘드리지가 1972년 제창했다.

〈그림 3-1〉 인과의 연쇄 과정

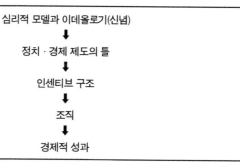

심리적 모델과 이데올로기(신념)
↓
정치·경제 제도의 틀
↓
인센티브 구조
↓
조직
↓
경제적 성과

자료: Denzau et North(1994), North(2005).

용하는 인과의 연쇄 과정은 <그림 3-1>과 같다.

공식적 제도와 비공식적 제도는 동일한 시간성을 따라 변화하는 것은 아니다. 공식적 제도의 경우 급속한 변화나 갑작스러운 변화가 비교적 쉽게 일어나지만 비공식적 제도는 매우 점진적으로 변화할 뿐이다. 혁명적 전환이 결코 혁명의 지지자가 원하는 만큼 혁명적일 수 없는 이유가 여기에 있다. 그리고 어떤 나라의 공식적 제도가 다른 국가로 이전 또는 모방될 때 기대한 결과를 낳지 않는 이유도 여기에 있다. "이렇게 비공식적 규범과는 이행 원리가 다르기 때문에, 다른 나라의 공식적 제도를 채용한 경제의 성과는 다른 나라의 그것과는 다른 양상을 나타낸다. 따라서 서양의 시장경제에서 성공한 정치·경제의 공식 규칙을 제3세계나 동양으로 이전하는 행위는 양호한 경제적 성과를 위한 충분조건이 되지 못한다"(North, 1994: 366).

노스는 역사적 사례로 라틴아메리카 국가가 미국 헌법을 몇 가지 수정해 채용한 것을 들고 있다. 또한 제3세계 국가가 서양 국가의 성공 경험을 바탕으로 소유권법을 자국에 도입한 예를 든다. 공식적 규칙의 이전이 이루어졌는데도 이와는 달리 시행 원리, 비공식적 행동 규범, 행위자의 주관 모델은 그대로였다. 따라서 이러한 혼합적인 인센티브 구조가 이전한 나라와 동일한 경제적 성과를 낳는 것은 불가능했다. 또한 동일한 공식적 규칙을 적용한 결과는 나라에 따라 매우 다양하다는 것이 판명되었다(North, 1990: 101).

6) 제도의 매트릭스와 경로의존성

제도는 특정 시대의 특정 국가에서 계승된 역사적 집합체이다. 이것은 '제도의 매트릭스'라고 부른다. (제도적인) 수확 체증에서 볼 수 있듯이 제도의 매트릭스는 조직과 개인의 인센티브에 조건을 부과하면서 최종적으로는 해당 국민경제의 '성과'에 영향을 준다. 노스는 특히 다양한 경제 간 비교되는 장기적 성장에 관심을 쏟았다. 근대사가 증명하는 것처럼 제도 변화의 국민적 궤도와 상대적인 성과는 매우 다양하다.

실제로 이러한 궤도는 조직과 제도 사이의 복잡한 상호작용에서 발생하는 '경로의존성'이나 '고착화 또는 잠김 현상'(lock-in)[12] 등으

---

12) 역주―초기의 사정에 맞게 선택된 방식이나 제도를 그 후에도 바꾸지 않는 것.

로 특징지을 수 있다. 상대적으로 비효율적인 경로가 충분히 긴 역사적 기간에 걸쳐 영속하는 경우도 있다. 노스는 이것이 역사에서 꽤 빈번하게 일어나는 일이기도 하다고 말한다. 한편 지속적인 누적적 성장이라는 경로는 바람직한 '고착화 또는 잠김 현상'[13]일 수도 있으나 오히려 그것은 예외적이다(North, 1990: 7~9). 역사적으로 조건이 부여된 네트워크 외부성과 조직의 학습 과정, 개인의 주관적 모델을 통해 경제가 도달하는 궤도는 고착화되는 경향을 보인다.

7) 제도와 경제적 성과

제도의 매트릭스(또는 제도 형태)와 중장기의 거시경제적 성과가 연관이 있다는 사고방식을 현대의 많은 제도주의가 공유하고 있다. 노스는 제도와 경제적 성과 사이의 주된 매개가 되는 것은 인센티브라고 생각한다. 제도의 매트릭스는 경제제도에 한정되는 것이 아니라 정치제도와 사법제도를 포함한다. 각 경제시스템 내에서 상호작용하는 고유의 공식적 규칙과 비공식적 규칙의 총체가

---

13) '경로의존성'이라는 개념은 아서(Brian Arthur)에게서 채용한 것이며 고정화(또는 잠김 현상) 개념은 데이비드(Paul David)에게서 채용한 것이다. 기술 변화를 고찰하기 위해 만들어진 이러한 개념은 제도 변화에 관한 이론화에서도 분명히 타당하다고 노스는 주장한다. 다만 제도 변화는 정치조직이 수행하는 본질적 기능 탓에 기술 변화보다 복잡하다는 차이도 있다.

역사적 경로에 의존하는 경제의 진화 조건이 되는 동시에 경제의 장기적 성과를 좌우하는 조건이 된다.

이때 정치시스템은 결정적인 역할을 수행한다. 그 이유는 정치적 차원에서 공식적인 경제적 게임의 규칙이 만들어지고 그 형태가 좌우되기 때문이다. 사용권, 수익권 및 자산의 양도 가능성을 정의하는 소유권법은 공식적 경제제도의 중심에 있다. 명확하게 정의된 소유권법을 만들어낸 정치시스템은 서양이 번영한 원천이었다. 따라서 노스는 소유권론의 중심 명제를 다음과 같이 제시한다. "효율적인 소유권을 만들어내고 중시하게 하는 인센티브를 내포한 정치시스템(정치조직)을 통해 우리는 효율적인 제도를 획득한다"(North, 1990: 140). 그러나 여기서 노스는 적응적 효율성보다 분배적 효율성을 문제로 삼는다는 점에 유의할 필요가 있다.

『경제사의 구조와 변화(Structure and Change)』(1981)에서 노스는 16~18세기의 경제발전에 관해, 특히 프랑스와 스페인, 한편으로는 영국과 네덜란드의 상이한 궤도를 연구했다. 전자의 두 나라에서는 국가의 끊임없는 세입 요구의 결과로서 길드와 사회에는 독점권이 주어지고 사적 소유권이 침해되었다. 그것은 프랑스 경제의 정체와 스페인의 쇠퇴를 불러왔다. 반대로 영국과 네덜란드에서는 사적 소유권을 보호한 덕분에 효율적인 거래를 촉진하는 인센티브를 낳는 제도의 집합이 상인 계급의 이익을 위해 만들어졌다. 나아가 이러한 사적 소유권에 대한 각 국가의 대처 방식은 식민지에도 전달되었다. 라틴아메리카의 스페인과 포르투갈의 식민지는 평균 이하의 발전 궤도에 그쳤다. 한편 영국의 북아메리카의 식민지는 지속적인 성장을 거두었다.

이러한 대조적인 진화는 소비에트연방이 붕괴되기까지 현대사에서 몇 번이고 반복되어왔다. "네덜란드처럼 경제가 생산성을 높이는 활동을 촉진하는 제도적 인센티브를 제공할 때 성장이 이루어졌다. 경제의 집권적 통제와 독점적 특권이 생산적 활동에 종사하는 경제주체들의 의욕을 저하시키면 경제는 쇠퇴한다. 인간이 창출해낸 조직의 실패를 초래하는 경향이 지속적으로 작용하기 때문에, 경제성장은 예외적인 현상이었고 정체와 쇠퇴가 일반적인 상황이었다"(North, 2005: 134~135).

3. 게임이론과 비교제도분석

최근 주류파 경제학이 제도를 재발견하는 계기가 된 것은 게임이론이다. 원래 게임이론은 합리적 주체, 공리주의 및 효용극대화를 가정하고 있었기 때문에 경제학의 표준 패러다임에 위치하고 있었다. 또한 게임이론은 방법론적 개인주의의 틀에서 전개되어 역사나 상황을 고려하지 않는 성격을 띠고 있었다. 나아가 게임이론을 구성하는 '규칙' 또는 '룰'은 처음부터 주어진 것, 즉 외생적인 것으로 생각되었다.

그러나 죄수의 딜레마라는 고전적 예에서 시작된 게임이론은 '조정'이나 '협력'을 주제로 삼고 진화 과정을 함의하는 반복 게임을 고려해 점차 제도적 문제와 가까워지고 있었다(Walliser, 1989). 게임의 룰과 제도와의 유의성은 점차 인정되었다.[14] 어떤 게임이 반복될 때 참여자들은 새로운 암묵적인 규칙(rules of thumb), 규범, 관행 및 '제도'를 사회적 합의를 바탕으로 발전시키는 경향이 있다. 이것들은 참여자의 뒤를 잇는 세대에도 전해진다. 따라서 이러한 제도는 "다른 주체의 행동에 관한 정보를 제공하는 메커니즘"(Schotter, 1981)이다.

그러나 이러한 접근 방식에는 다음과 같은 거대한 난점이 있다. 게임의 초기 규칙은 처음부터 주어진 것이기 때문에 설명이 불가능하다. 게다가 이 초기 규칙은 진화 및 학습 과정을 통해 나타나는 새로운 규칙의 조건이 된다. 따라서 슈퍼이론이나 메타이론을 도입하지 않을 경우 제도의 생성에 관한 설명은 순환론이 되어버린다(Field, 1994). 이러한 점은 규칙의 위계와 역사성에 대한 배제로 연결된다. 게다가 슈퍼 게임이나 메타 게임을 도입한다고 해도 그

---

14) 하이에크의 『치명적 자만(The Fatal Conceit)』(1988)에는 '게임, 규범의 학교'라는 이름의 부록이 있다. 거기에서 게임은 "다음과 같은 과정의 명확한 예이다. 그 과정 내부에서 서로 다른 목표 또는 대립하는 목표를 추구하는 구성원들이 공통의 규범을 따르는 것은 일반적 질서로 통용된다"(Hayek, 1988: 209).

것은 문제를 다른 곳으로 옮기는 일밖에 되지 않는다.

신고전학파에서 발생해 신고전학파의 일부 가정을 변경하고 확장하는 동시에 비판함으로써 발전해온 '신제도학파 경제학'의 몇 가지 조류에 게임이론은 중요한 영향을 끼쳤다. 또한 게임이론은 특정 경제 상황을 설명하기 위한 본질적이고 이론적인 고찰의 일환으로서 역사적 경험이나 역사적 제도에 적용되기도 한다. 그것이 바로 주로 아오키 마사히코(Masahiko Aoki)와 그라이프(Avner Greif)가 전개한 '비교제도분석'이다. 비교제도분석의 목표는 역사적인 제도나 국민적 시스템을 비교하는 것이다. 이러한 목표에 관해서 비교제도분석은 노스의 이론과 가깝지만 게임이론에 의거한다는 점이 노스와 다르다.

1) 아오키 마사히코: '공유 예상'으로서의 제도

아오키 마사히코의 이론은 제도를 게임이론적 의미의 균형으로 간주하는 접근 방식을 바탕으로 하고 있다.[15]

게임이론으로부터의 유추에서 출발하는 접근 방식은 다음의 세

---

15) 게임이론에서 내시 균형(Nash equilibrium)은 만약 다른 참여자가 이전의 전략을 유지한다면 어떤 참여자도 단독으로는 (다른 참여자와 협력 없이는) 자신의 지위를 개선할 수 없는 상황으로 정의된다. 신고전학파 내부에서도 몇 가지 면에서 내시 균형 개념은 발라를 비롯해 파레토 최적을 동반하는 일반적 균형 개념을 대신한다.

가지를 들 수 있다. 첫째, 일부 논자들은 제도를 참여자(거대 조직)로 본다. 둘째, 일부에서는 게임의 규칙에 해당하는 제도에 주목한다[노스, 후르비츠(Leonid Hurwicz)]. 셋째, 게임이론적 균형의 결과 또는 게임의 예상(belief)으로서의 제도를 강조하는 논자들도 있다[아오키를 비롯해 쇼터(A. Schotter), 그라이프]. 아오키는 세 번째에 해당하는 균형으로서의 제도라는 개념이야말로 내생적인 접근을 가능하게 함으로써 제도의 기원과 실행을 분석할 수 있게 해준다는 점에서 탁월하다고 주장한다(Aoki, 2000: 141). 그러나 필드(Field, 1979)가 지적했듯이 제도가 전혀 존재하지 않는 게임, 또는 단순히 기술적인 규칙으로 구성된 게임의 모델만으로는 제도를 설명할 수 없다. 실제로 모든 게임의 모델은 명시적 또는 비명시적으로 과거에 확립된 인간의 여러 제도를 전제하고 있기 때문이다. 따라서 게임이론을 제도 분석의 기초로 상정한다면 역사적 정보나 비교 정보의 도움을 구하지 않으면 안 된다.

"제도는 게임이 어떻게 진행될 것인지에 대해 집단적으로 공유하는 예상의 자기지속적인 시스템이다. 그 실질은 특정한 균형경로의 뚜렷한 보편적 특징을 축약해서 표현해주며 해당 영역의 모든 경제주체들은 자신의 전략 선택에 관련이 있다고 인지하게 된다. 그렇게 제도는 경제주체들의 전략적 상호작용을 자기구속적으로 통치하는 한편, 부단히 변화하는 환경 아래에서 그들의 실제 전략 선택으로 재생산된다"(Aoki, 2001: 26). 선험적(a priori)으로는 다양한 균형이 가능하다. 아오키는 '공유 예상'으로서의 제도라는 접근이 보이는 여러 측면을 다음과 설명한다. ① 제도는 내생적이다. 다시 말해 제도는 지속적 균형을 만들어내려는 주체들 간의 상호작용에서 발생한다. ② 제도는 각종 정보를 축약한 것을 나타낸다. ③ 제도는 강건해 부단한 환경 변화에도 살아남는다. ④ 다수의 주체의 눈으로 보면 제도에는 보편적 타당성이 있다. ⑤ 경제나 사회의 다양한 영역에서 존재할 수 있는 제도는 복수이다.

　제도로 인식되는 균형은 최종적으로는 코드화되어 명시적으로 표현된다. 그러나 이러한 코드화 형태는 주체가 집단적으로 그것을 믿는 경우에만 제도로서의 성격을 띤다. 따라서 법제화된 법이나 규칙이라 하더라도 만약 그것이 지켜지지 않을 경우에는 제도가 아니다. 예를 들어 어떤 재화의 수입을 국가가 금지한다고 하자. 그런데 세관원에게 뇌물을 주는 것이 이 법률을 피해가는 것에 도움을 준다고 사람들이 믿는다면 뇌물 수수 행위가 만연할 것이다. 이때 효력이 상실된 법률이 아닌 뇌물 수수 행위를 제도로 보아야 하는 것이다(Aoki, 2000: 13).

　비교제도분석에 관한 아오키의 저작에는 다양한 사회의 수많은 과거와 현재의 사례(예를 들면 실리콘밸리 모델이나 일본의 메인뱅크 모델 등)가 연구되고 있다. 그리고 국민경제라는 틀 또는 경제의 일정한 영역에서의 제도적 보완성(경제시스템의 여러 제도가 상호적으로 영향을 주고받아 각각의 제도의 유효성이 다른 제도의 존재를 통해 강화되는 것)을 아오키는 강조한다. "하나의 재화 거래(소유권)의 거버넌스 메커니즘의 유효성(또는 존재)은 동일 영역 또는 동일 경제에 있는 특정한 메커니즘의 존재(제도화)를 통해 직간접적으로 강화될 수 있다"(Aoki, 2001: 87). 그렇지만 보완성은 제도 배치의 최적성을 의미하지 않으며, 각 제도에 필연적인 최적성도 존재하지 않는다.

현대 제도경제학의 여러 조류와 같이 아오키에게도 여러 나라의 제도적 다양성은 세계화 경향으로 소멸하는 것이 아니다. 반대로 이념적인 효율성 조건에서는 떨어져 있다 해도 이러한 제도적 다양성은 다음과 같은 의미에서 유익하다. 즉, 다양한 제도가 경쟁적 또는 보완적 방식으로 상호작용하기 때문에 국민적 조건은 국제적 환경이나 기술적 환경의 변화에 적응해갈 수 있는 것이다.

다만 이러한 적응은 경로의존적이다. "이렇게 우리는 초국민적 제도의 중요성이 높아지는 한편, 지역적·일국적·지방적 제도의 다양성이 진화한다는 세계적인 제도 배치의 양면적 경향을 관찰하게 될 것이다. 그러나 세계 경제를 예측 불가능한 충격에 대해 튼튼하게 하면서 세계 경제의 환경 변화에 대한 혁신적 적응을 가능하게 하는 것은 바로 이러한 다양성이라고 생각된다"(Aoki, 2001: 393).

아오키는 <표 3-2>에서 세 집단의 제도 배치 모델을 비교해 제도 배치의 보완성을 강조하고 있다. 참고 기준으로 채용된 단순 이론적 모델인 1그룹은 발라적 신고전학파 모델(W)과 그로스먼

〈표 3-2〉 제도적 연결(보완성)과 관련된 몇 가지 모델

영역 / 모델	기업지배구조	금융제도	노동·고용제도	생산물 시장 및 산업제도	공급 관계	사회적 규범 및 가치	국가
W (Walrasian)	기업가의 통제	경매인	경매인	경매인	경매인	공리주의	자유주의
HM (Hart & Moore)	소유권자의 통제 (HM형 기업)	활발한 자산시장	효율성 임금		보완적인 물적 자산의 통합		(자유주의)
A (American)	경영자 통제	증권화(기업이 통제하는 시장)	고용관계/직무 통제형 조합주의	규제된 과점적 시장	수직 통합	다양한 공동체	대의적 민주주의
D (Deutsch)	공동 결정	충실도가 높은 주주	조합주의적 규제	능력을 부여받은 사업자 단체	자율적인 공급자	산업시민권	사회계약적 조합주의
J (Japanese)	상태의존형 지배	메인뱅크시스템	기업 차원의 인사관리	업계 단체	공급자 계열	사회적 지위의 계층화	관료제 다원주의
SV (Silicon Valley)	토너먼트를 통한 벤처자본 지배구조	벤처자본을 통한 단계적 금융 지원, IPO 시장	창업 기업의 짧은 수명으로 인한 높은 유동성	투명성 기준 설정 기구	무설비기업 (fabless)	전문가적 공동체, 기업인의 토너먼트	기업가 우호적
GL (Global)	시장에 의한 모니터링	글로벌 기업 자산시장	국가 간 경쟁	전략적 제휴, 전자상거래	A&D, 온라인으로 부품 구입	다양한 NGO	다층화

자료: Aoki(2001)에서 재구성.

(Grossman), 하트(Hart), 무어(Moore)의 소유권 모델(HM)로 구성된다.
2그룹은 정보통신 혁명 이전의 전형적인 국민 모델인 미국 모델(A),
독일 모델(D), 일본 모델(J)로 구성된다. 정보통신 혁명 시대에 출현
한 두 가지 모델을 포함한 3그룹은 실리콘밸리 모델(SV)과 글로벌
또는 초국가 모델(GL)로 구성된다.

2) 그라이프의 규칙, 예상 및 조직의 결합

'역사적 비교제도분석'의 주창자인 그라이프는 역사적 비교제
도분석을, 구제도학파 경제학의 진화론적 관점과 의도적으로 고안
된 제도를 주로 다루는 신제도학파 경제학의 관점 사이의 간극을
메우기 위한 수단으로 접근한다(Greif, 2006: 153).[16]

그라이프는 특히 자생적 결과인 제도나 외부의 제재에 의존하지
않는다는 의미에서 **자기강화적**(self-enforcing)인 제도에 관심을 보인
다. 그가 제창하는 접근법에서는 '역사적 과정'을 고찰해 게임이론
의 연구와 실증적·역사적인 비교 분석을 결합한다(Greif, 1998). 예를

---

16) 그라이프는 신제도학파 경제학이 매우 기능주의적이라고 논하고 있다.
    신제도학파 경제학에서는 제도가 어떤 것의 기능을 만족시키기 위해 미
    래를 지향하는 여러 개인에 의해 의도적으로 만들어지는 것으로 가정한
    다는 것이 그 이유이다. 기능의 예로서는 불확실성을 감소시키는 것, 집
    단의 후생을 최대화하는 것, 또는 거래비용을 최소화하는 것이 있다. 기
    능주의적 설명은 제도의 기원과 관련된 메커니즘과 제도의 효과를 나타
    내는 경우 외에는 설득력을 지니지 않는다.

들어 그라이프는 11~12세기에 지중해 교역을 함께 담당한 개인주의적인 문화를 지닌 제노바의 상인과 이들보다 좀 더 집단주의적인 문화를 지닌 마그리비인(이슬람 세계 내의 유대인)을 서로 비교한다. 마그리비인은 공동 행동을 보증하기 위해 공동체의 소통 구조를 발전시켰으나, 결국 민족적 계통이 다른 상인들의 관계를 보증하는 데는 한정적인 유효성밖에 지니지 못했다. 한편 제노바의 상인은 소통의 수준을 한정한 상태에서 상호 감시 체제를 만들었다. 이러한 메커니즘은 기존 협정을 지속 또는 승인하기 위한 공식적 정치조직으로 발전해 거래의 확대에 좀 더 유익하다는 것이 판명되었다. 최종적으로 제노바의 상인은 마그리비인을 대신하게 되었다. 그라이프는 이러한 사실뿐 아니라 다음과 같은 사실을 밝혀냈다. 마그리비인의 사회조직과 오늘날 발전도상국의 사회조직이 닮아 있으며, 한편 제노바 상인의 사회조직은 서양의 역사에서 지배적인 제도와 비슷하다. 따라서 문화적 가치는 제도에 영향을 끼치며, 그 결과 경제적 성과에도 영향을 끼친다(Greif, 1994b).

노스와는 달리 결국 그라이프는 시스템으로서의 제도라는 포괄적인 정의를 제창한다. 그것은 규칙, 예상, 조직을 포함한다. "제도는 행동의 규칙성을 공동으로 만들어내는 사회적 요소들의 시스템이다. 이러한 요소는 인간에 의해 만들어지고 비물리적인 것이며 더 나아가 행동할 때 그 영향을 받는 각 개인에게는 외생적인 것이므로 사회적인 것이다. 하나의 제도를 구성하는 다양한 요소, 특히

〈표 3-3〉 시스템으로서의 제도

규칙	조직	예상과 내면화된 규범	초래되는 행동의 규칙성
도로 교통 규칙	교통 관제 당국, 교통 감독 당국	다른 운전자나 감독당국이 특정한 방식으로 행동할 것이라는 예상	규칙을 따르는 운전
총액, 지불 방식, 담보 등의 뇌물을 감독하는 규칙	국가행정, 경찰, 재판소	뇌물 수수에 대한 행정, 경찰, 재판소의 반응에 따라 불이익이 발생하지 않을 것이라는 예상. 뇌물은 자신의 이익을 위한 저비용의 수단이라는 예상	부패
신용카드의 사용 규칙과 위반자의 소추	신용 사회, 사법 당국	카드 보유자의 신용도를 확인하는 것, 법적 제재를 부과하는 것, 신용 위반 경력을 기록하는 것에 관한 신용 사회의 능력에 대한 예상	판매자와 카드 보유자 사이의 일반적인 비현금 거래
구성원, 비구성원별 행동과 협력 규칙	뉴욕의 유대계 상인의 커뮤니케이션	부정행위를 처벌하는 것, 부정행위자에게 이익을 제공하지 않는 것에 관한 커뮤니티 멤버의 능력과 동기에 관한 예상	법적 계약을 교환하지 않는 거래
삼림을 파괴하지 않기 위한 규칙	없음	숲의 신의 보복에 관한 내면화된 예상	삼림 파괴의 회피
미국에서의 노예를 합법화하고 통제하는 규칙	백인 커뮤니티, 주와 연방의 입법자, 남부의 법적 권위	노예를 정당화하는 내면화된 규범. 다른 백인, 흑인, 법적 권위에 관한 예상	노예제

자료: Greif(2006: 38).

규칙, 예상, 규범 및 조직은 사회적 상황 속에서 기술적으로 실행 가능한 수많은 행동 중 하나의 행동을 개인이 채용할 때 개인에게 동기를 부여하고 조력하고 이끈다"(Greif, 2006: 383). 이러한 종합적인 견해의 여러 사례는 <표 3-3>에 나타나 있다.

제4장

현대 유럽의 여러 학파

1. 조절이론: 역사적 관점을 중요시하는 거시경제학

프랑스의 조절이론은 1970년대 이후 발전한 비정통파 이론 조류로서 확실히 제도주의 경제학의 계보에 속한다.

1) 역사적 자본주의의 제도 형태

조절이론(régulation은 통상 '조절' 또는 '조정'으로 번역된다 – 역주)은 자본주의를 두 가지의 기초적 관계를 바탕으로 하는 생산양식으로 보는 마르크스주의의 전통을 이어간다. 이러한 두 가지의 기초적 관계라는 것은 분업이라는 틀 안에서 분리되어 있기는 하지만, 서로 의존하는 상품 생산자들로 이루어지는 시장관계 및 임노동관계

조절학파의 주요 저작

M. Aglietta, *Régulation et crises du capitalism Calman-Lévy* (자본주의의 조절이론), Paris: Calman-Lévy, 1976(2nd Edition, 1982).

R. Boyer and J. Mistral, *Accumulation, inflation, crises* (저축, 인플레, 위기), Paris: PUF, 1978(2nd Ed., 1983).

A. Lipietz, *Crise et inflation, pourquoi?* (위기와 인플레의 원인), Paris: La Découverte, 1979.

R. Delorme and C. André, *L'État et l'économie Un essai d'explication des publiques en France* (국가와 경제), Paris: Seuil, 1983.

A. Lipietz, *Le monde enchanté. De la valeur á l'envol inflationniste* (마술에 걸린 세계: 가치에서 인플레로), Paris: La Découverte, 1983.

R. Boyer, *La théorie de la regulation: une analyse critique* (조절이론), Paris: La Découverte, 1986.

B. Coriat, *Penser á l'envers, Christian Bourgois* (역전의 사고), Paris: Christian Bourgois, 1991.

B. Théret, *Régimes économoques de l'ordre politique: esquisse d'une théorie régulationniste de l'État* (정치적 질서의 경제적 레짐), Paris: PUF, 1992.

R. Boyer, Y. Saillard(eds.), *Théorie de la regulation: l'état des saviors* (조절이론: 지의 총람), Paris: La Découverte, 1995(2nd Ed., 2002).

F. Lordon, *Les Quadratures de la politique économique* (경제학의 적분법), Paris: Albin Michel, 1997.

R. Boyer and Y. Hollingsworth(eds.), *Contemporary Capitalism: The Embeddedness of Institutions* (현대 자본주의: 제도의 내포), Cambridge: Cambridge University Press, 1997.

B. Billaudot, *Régulation et croissance Une macroéconomie bistorrique et institutionnelle* (조절이론의 성장: 역사적·제도적 거시경제학), Paris: L'Harmattan, 2001.

M. Agrietta and A. Rebéroux, *Les derives du capitalisme financier* (금융자본주의의 표류), Paris: Albin Michel, 2004.

R. Boyer, *Théorie de la regulation, 1. Les fondamentaux* (조절이론: 1. 기초이론), Paris: La Découverte, 2004.

R. Boyer, *Une théorie du capitalisme est-elle possible?* (자본주의의 이론은 가능한가), Paris, Odile Jacob, 2004.

B. Amable, *Les crinq capitalisms. Diversité des systems économiques et sociaaux dans la mondialisation* (다섯 가지 자본주의), Paris: Seuil, 2005.

P. Petit, *Croisse des nations* (제국민의 부와 성장), Paris, La Découverte, 2005.

또는 자본-노동관계이다.[1) 그러나 조절학파는 이윤율의 경향적 저하 등의 생산양식상의 내재적 법칙 또는 불가피한 경향과 같은 명제를 배제한다는 점에서 전통적인 마르크스주의와는 차이가 있다. 마르크스가 강조한 것처럼 분명히 시스템의 역동성은 자본축적을 바탕으로 하고 있지만, 이러한 역동성은 예측 가능한 합목적성을 지니고 있지도 않으며 연속되어야 할 필연적 관계를 지니고 있지도 않다. 오히려 이러한 역동성은 상이한 역사적 양상을 동반할 가능성이 있다. 이러한 **축적체제**는 바로 역사상의 여러 제도의 구도를 바탕으로 하여, 이러한 구도는 각 시대에서 앞의 두 가지의 기초적 관계가 지닌 국민적 형태에 의존하고 있다. 중기의 역사 구분상에서의 국민적 경험을 분석하기 위한 조심스러운 도식에는 다섯 가지의 '제도 형태'가 포함되어 있다. 중요한 것은 이러한 여러 제도 형태를 각국의 정치사에 의존하는 사회적 투쟁과 타협의 결과로서, 일국적이기는 하지만 때로는 대외적인 영향을 받기도 하는 틀 속에서 만들어지는 상호 의존적인 총체라고 이해하는 것이다.

---

1) 이어서 지적하자면 마르크스를 제도주의적 이론 계보에 속하는 인물로 보는 것도 불가능한 것은 아니다. 그 이유는 그에게 제도의 개념은 '관계'라는 독자적인 형태를 띠기 때문이다. 또한 마르크스에게 자본주의의 지배적 제도는 바로 시장과 임노동이라는 두 관계의 상호작용에 기반을 둔 자본(자본관계)이다(Chavance, 1996).

　이러한 접근에서 제도는 본질적으로 이중의 차원을 가진 '매개
적'인 것으로 고찰될 수 있다. 첫째로 제도는 모든 역사적인 자본
주의경제에 공통된 두 가지의 추상적 관계와 주어진 국가나 특정
한 시대의 여러 경제적 관계가 만들어낸 구체적인 형태를 매개하
는 차원에서 파악될 수 있다. 바꿔 말하면, 여기에서 중요한 것은
다섯 가지 영역 내의 상호 의존적인 여러 제도의 총체로부터 정형
화되는 표상이다. 이러한 다섯 가지 영역이 국민적 경제시스템의
포괄적 표상이다. 둘째로 제도는 긴 역사와 최근의 정세를 매개하
는 차원에서 파악될 수 있다. 그러므로 축적체제와 조절양식은 일
반적으로 수십 년 규모에서 유효한 것이다. 이렇게 해서 19세기
이후 현재에 이르기까지 국민적 자본주의에서 나타난 진화의 다양
성을 해명하고 매우 중요한 비교의 차원을 갖춘 역사적인 제도경

제학이 출현하게 되었다.

조절이론에 마르크스주의 다음으로 영향을 미친 것은 케인스의 거시경제이론이다. 좀 더 정확하게는 케인스의 이론과 마르크스의 명제 일부를 결합하려고 한 포스트케인스학파의 이론이다(Lavoie, 2004). 예를 들어 포스트케인스학파는 자본축적의 문제를 소득분배와 특히 임금-이윤의 관계를 연결해서 파악하고 있으며, 총공급-총수요의 조정이라는 문제와도 연결해 파악하고 있다. 특정한 **축적체제와 조절양식**의 매개를 통해 역사적·제도적 구도와 주어진 성장 형태와의 직접적인 결합 관계를 탐구한다. 축적체제는 규칙적인 경제 성장의 도식에 대응하며, 조절양식은 그러한 체제를 "뒷받침하고 조종"하며, "경제주체들이 시스템 전체의 조절 원리를 내면화할 필요성이 없더라도 다양한 분산적 의사결정의 총체가 동태적으로 양립할 수 있게 보증하는" 사회적 절차 및 행동을 표현한다(Boyer, 1986: 54~55).

포디즘적 축적체제는 1950년대에서 1970년대에 걸쳐 구미 선진국에서 상대적으로 안정되고 높은 성장을 경험한 예외적인 시대에서 매우 중요한 위치를 차지한다. 이 포디즘적 축적체제는 자국민에 중심을 둔 특수한 제도 형태의 배치를 바탕으로 했다. 예를 들어 통화체제는 신용에 의거하고 있었으며, 임노동관계는 포스트테일러주의적 노동 편성,[2] 생산성 상승 이익의 노동자에 대한 분배, 대량 소비의 확대 등의 특징이 있었다. 또한 경쟁 형태는 과점적이며, 국가는 사회보호를 확대하는 '삽입 국가', 즉 개입주의적 국가였다.

(더글러스 노스의 신제도학파와 같이) 제도주의의 다양한 조류는 여러 제도와 경제성장 양식 사이에는 일정한 관계가 존재한다고 주장한다. 그중에서도 조절학파는 그러한 관계의 결정 과정에 관한 연구에 매진하고 있는 가장 두드러지는 학파 중 하나이다(Boyer, 2004a; Petit, 2005).

조절학파는 신고전학파의 전통에 대해 비판적인 입장을 분명히 하며, 독일 역사학파나 미국의 제도주의 이론 계보와도 거리를 둔다.[3] 이는 신고전학파가 독일 역사학파나 미국의 제도주의에 대해 제기하는 관례적(또는 이론의 여지가 있는) 비판, 다시 말해 제대로 된 이론적 토대도 없이 오히려 어떤 종류의 서술적인 역사사회학을 구축하고 있다는 비판을 피하기 위한 것이다. 그러나 '이론과 역사를 결합'한다는, 특히 **아날**학파의 연구와 결합한다는 조절학파가 내세운 야심은 역사학파의 프로그램을 연상하게 한다. 또한

---

2) 역주-테일러(F. W. Taylor)가 제창한 것으로 현장 노동자의 직무의 단순화와 세분화 및 계획 업무의 관리자로의 집중, 즉 '실행과 구상의 분리'를 기본 원리로 한다.

3) 그러나 테레는 커먼스의 제도경제학과 조절이론 사이에는 친화성이 있다고 강조한다(Théret, 2000). 사회과학, 특히 경제학, 사회학, 정치학과 관련한 다양한 현대 제도주의 학파 사이에서 '커먼스적인 것'으로의 수렴이 일어나고 있다는 것에 관해서는 Théret(2000)를 참조하기 바란다.

조절학파는 오스트리아학파의 경제자유주의를 거부했으며, 오스트리아학파의 전통과 아무런 관계도 발견되지 않는다.

2) 제도와 '제도화된 타협'

경제와 역사의 중범위 차원에서 제도를 파악해보면, 그것은 대립하는 여러 사회집단들 사이에서 본질적으로 '제도화된 타협'의 형태로 만들어진 것으로, 이러한 타협은 '권위주의적인 제도화나 공공질서'와는 별개의 것이다(Delorme and André, 1983). 따라서 새로운 제도의 출현은 위기, 투쟁, 전쟁의 결과로 나타나는 것이다. 이러한 새로운 제도는 정치 공간이 타협의 형성이나 정통화(또는 이의 신청)에서 매우 중요한 장소의 지위를 지속적으로 유지하는 한, 국가와 국민이라는 틀 속에서 실행된다.[4] 분명히 다른 나라의 제도 및 조직 형태의 영향이나 수입이 드문 것은 아니지만, 제도는 대개 국민적 구도라는 제약을 통해 변형되는 것이다. 중요한 것은 제도나 조직의 **혼성**(hybrid)화 과정이다(Boyer, 2004b: 197). 이와 관련해서는 예를 들어 베블런이나 노스의 연구에서 빈번하게 등장하는 제도주의적 명제가 다시 다루어지고 있다.

---

4) 이어서 지적하자면, 커먼스는 국가가 "사회계급 간 축적된 타협이며, 각각의 계급은 자기 고유의 이익을 위해 사적 소유제도를 지닌 사회에 암묵적으로 존재하는 강제적 요소의 통제를 확보하려고 노력한다"(Commons, 1899~1900: 101).

3) 자본주의의 다양성, '제도적 보완성'과 '제도적 계층성'

최근 알베르(M. Albert)의 저작(『Capitalisme contre Capitalisme』 - 역주)에 자극을 받아 수많은 제도경제학의 연구가 자본주의의 다양한 국민적 형태의 비교라는 오래된 주제를 심화시켰다(이 주제는 이미 마르크스, 독일 역사학파, 베블런 그리고 최근에는 노스에서도 볼 수 있다). 이러한 연구에 의해 글로벌화, 수렴(convergence), 미국 모델의 영향 등을 둘러싼 오늘날의 논쟁에서 이 주제가 부활하고 있는 것이다(Berger, Dore, 1996; Boyer and Holligsworth, 1998; Aoki, 2001; Hall and Soskice, 2001; Crouch, 2005). 몇 가지의 유형론은 오히려 이원론적이다. 예를 들어 알베르는 라인 모델과 앵글로색슨 모델을 비교하며, 홀과 소스키스는 자유시장경제와 조정시장경제를 비교한다. 한편으로는 비교 분석의 대상에 따라 역사적·현대적인 모델에서 더욱 큰 다양성을 주장하는 연구자도 있다. 실제로 이들이 바로 조절학파의 연구자들이다.

『다섯 가지의 자본주의(Les Cinq Capitalismes)』(2005)에서 부르노 아마블(B. Amable)이 강조하는 것은 제도의 보완성과 계층성이 자본주의 모델의 다양성을 설명해준다는 것이다(Amable, 2005: 23). (M. 아오키의 개념과 유사한) 그의 '제도적 보완성' 개념에는 "어떤 영역에서의 제도의 존재나 그 특정 형태가 다른 영역에서의 다른 제도의 기능과 효율성을 강화한다"(Amable, 2005: 83)라는 의미가 있다. 그러나 이러한 보완성은 상대적으로 일시적·우연적인 것일지도 모른다. 그의 '제도적 계층성'의 개념에 의하면, 하나 내지 복수의 제도가 주어진 역사적 구도에서 특수한 역할을 하고 있다.[5]

이러한 점을 바탕으로 아마블은 현대 자본주의를 다섯 가지 형태(또는 이념형)으로 구별한다. 바로 시장중심형 자본주의, 사회민주주의형 자본주의, 아시아형 자본주의, 대륙 유럽형 자본주의, 지중해형 자본주의가 그것으로, 각각의 형태는 다수의 국민국가를 사례로 하고 있다.

4) 위기

조절이론의 독자성은 위기 발견의 중요성을 강조하고 자본주의의 위기에 관해 다음과 같은 유형을 제시한다는 점에 있다. 다시 말해 주어진 조절양식의 틀에서 내생적으로 흡수되는 경향이 있는 소위기, 여러 제도 형태의 확실한 변화가 없는 한 해결책을 찾을 수 없는 대위기 또는 구조적 위기가 그것이다. 이 유형은 외생적 충격에 대응하여, 나아가 고조되는 심각성의 정도에 대응하여 한층 더 세분화되어 더욱 정교해질 수 있다. 예를 들어 조절양식 내

---

5) 예를 들어 "제2차 세계대전 후 포디즘의 경우 그 이름의 유래가 된 포드의 타협으로 임노동관계가 이러한 역할을 했다. 1990년대에 이러한 제도적 계층성은 다른 영역에서 수많은 진화를 이끌어나가던 화폐·금융체제로 인해 역전되었다"(Boyer and Saillard, 2002: 563~564). 프티는 현대의 신자유주의와 더불어 확대된 포스트포디즘적인 새로운 제도적 계층성 속에서 오히려 경쟁 형태가 임노동관계를 대신하게 되었다고 말한다(Petit, 2005).

부의 순환적 위기, 조절양식의 위기, 축적체제의 위기, 생산양식의 위기가 그것이다(Boyer, 1986). 중기적인 역사적 전망에서 각종 제도, 성장의 양태, 위기의 형태 간의 복잡한 상호작용이 강조된다.

제도적 틀과 경제성장의 양태 사이에서 반복성을 지닌 인과관계가 작용한다. 조절이론은 "제도화된 타협이 먼저 외연적 축적체제(생산성 상승률이 낮고 경제성장이 주로 노동시간의 외적 연장이나 고용의 외적 확대에 의존하는 거시경제체제), 그다음으로는 내포적 축적체제(높은 생산성 상승률을 바탕으로 하는 거시경제체제), 나아가 대량 소비를 동반하는 내포적 축적체제, 즉 포디즘을 어떻게 만들어냈는지를 밝혀냈다. 이와 더불어 반대의 관계 또한 분석했다. 다시 말해 다양한 경제적 진화는 다양한 제도를 만들어내는 것이다. **구조적 위기**는 제도 형태를 재구성함으로써 극복된다. 이러한 제도 형태는 통상적으로 이미 발생한 불균형을 완화하고 이러한 불균형이 야기하는 사회적·정치적 대립에 대응한다는 이중의 역할을 한다"(Boyer, 2004: 27). 거시 또는 중간 단계의 역사적 수준에서 파악될 수 있는 제도적 변화는 결국 주어진 구도의 긴장으로부터 발생한다. 이러한 긴장은 경제위기의 상황, 이러한 위기가 불러일으키는 대립, 나아가 집합적 주체들 간의 역관계의 점진적 수정을 통해 발생한다.

노스의 신제도학파 경제학은 '경제적 성과'를 사실상 경제의 장기적 성장률로 환원해서 파악하나, '경제적 성과'의 개념과 관련해 조절이론이 중시하는 것은 오히려 제도적 구도의 '생존능력'이라는 문제이다. 이러한 생존능력은 위기를 극복하는 상대적 능력을 나타낸다. 또한 생산능력에 관해서는 두드러지는 다양성이 강조된다. 그리고 이러한 생산능력은 필연적으로 역사적 시기에 따라 제한되어 늦든 빠르든 구조적 위기에 의해서 재검토에 부쳐진다. 예를 들어 '내적 물질대사'(Lordon, 1994) 또는 '고유한 내적 역동성의 영향에 의한 발전 양식의 전환'은 제도 변화의 주요한 원천이다. 이는 "고려하는 시간의 범위(지평)가 길어지면 길어질수록 한층 명백해진다"(Boyer, 2004: 197).

2. 콩방시옹 경제학: 규칙(rule)을 해석하다

콩방시옹(convention) 경제학은 1980년대부터 경제학과 사회학 사이에서 발전해온 프랑스의 학파이다. 이 학파는 제도주의적 개념에 속하는 것으로 여겨지는 여러 규칙의 이론을 만들어내고 있다.

콩방시옹학파의 기원은 루이스(David Lewis)의 철학적 저작『콩방시옹(Convention)』(1969)과 근본적 불확실성을 특징으로 하는 경제시스템에서 관행(콩방시옹)이 수행하는 본질적 역할에 대한 케인스의 명제이며, 둘 다 게임이론과는 꽤 거리가 있다. 콩방시옹학파는 표준적 이론(신고전학파)과 구별될 뿐만 아니라, 특히 윌리엄슨의 신제도학파 경제학을 포함한 '확장된 표준적 이론'과도 구별된다

콩방시옹 경제학의 주요 저작

R. Salais and L. Thévenot(eds.), *Le travail: marché, régles*(노동: 시장, 룰, 콩방시옹), Paris: Economica, 1986.

J.-P. Dupuy, F. Eymard-Duvernay, O. Favereau, A. Orlean, R. Salais and L. Thévenot, "L'éonomie des conventions(콩방시옹 경제학)," *Revue Économique*, vol. 40, no. 2, March 1989.

L. Boltanski and L. Thévenot, *De la justification. les économies de la grandeur*(정당화에 관하여: 규범적 질서의 이코노미), Paris: Gallimard, 1991.

B. Reynaud, *Le salaire, la régle, le marché*(임금, 룰, 시장), Paris: Christian Bourgois, 1992.

R. Salais and M. Storper, *Les mondes de production. Enquête sur l'identité économique de la France*(생산의 세계: 프랑스의 경제적 아이덴티티에 관한 조사), Paris: Éditions de l'EHESS, 1994.

A. Orlean(ed.), *Analyse économiique des conventions*(콩방시옹의 경제분석), Paris: PUF, 1994(2nd ed. 2004).

R. Salais, E. Chatel and D. Rivaud-Danset(eds.), *Institutins, et conventions: la réflexivié de l'action économique*(제도와 콩방시옹), Paris: Éditions de l'EHESS, 1998.

A. Orlean, *Le pouvoir de finance*(금융의 권력), Paris: Gallimard, 1999.

L. Boltanski and E. Chiapello, *Le nouvel esprit du capitalisme*(자본주의의 새로운 변신), Paris: Economica, 1999.

P. Batifoulier(ed.), *Théorie des conventions*(콩방시옹이론), Paris: Economica, 2001.

B. Reynaud, *Les régles économiques et leurs usages*(경제 룰과 그 이용), Paris: Odile Jacob, 2004.

O. Favereau and E. Lazega(eds.), *Conventions and Structures in Economic Organization: Markets, Networks and Hierarchies*(경제조직에서의 콩방시옹과 구조), Cheltenham/Northampton: Edward Elgar, 2002.

F. Eymard-Duvernay, *Économie politique de l'entreprise*(기업의 정치경제학), Paris: La Découverte, 2004.

(Favereau, 1989). 윌리엄슨은 사이먼의 **한정합리성**(인간은 완전한 존재가 아니라 시야나 합리성에 한계가 있다는 견해)을 부분적으로 채용하

고 있지만 개인의 최적화 가설은 포기하지 않고 있다. 반대로 콩방시옹학파는 행위규칙에 따른다는 것을 의미하는 **절차적 합리성**(이용할 수 있는 지식과 계산 수단에는 한계가 있으므로 인간은 절차를 밟아 합리적으로 자신의 결정을 실행한다는 견해)에 대한 사이먼의 생각을 염두에 둠을 인정한다. 그러나 콩방시옹 경제학은 비정통파인 제도주의 경제학이 펼치는 더욱 전체주의(holism)적인 접근 방법에 반대하고 방법론적 개인주의를 유지하는 것에 치중한다. 다시 말해 콩방시옹 경제학의 접근법이 미시적인 것을 중시하고 조직에 특히 관심을 두는 데 반해, 방법론적 전체주의는 항상 거시적인 것을 중시한다. 다만 비정통파 경제학자들 사이에서 방법론적 개인주의와 방법론적 전체주의의 단순한 대립이 환원주의적 성격을 띤다는 것에 대해서는 원칙적인 합의가 존재한다.[6]

1) 제도로서의 '콩방시옹'

콩방시옹적 사고방식에 대한 최초의 접근은 사회적 규칙(룰)의 부분집합을 다룬 것에서 시작되었다. 이러한 점은 아마 노스가 말

---

6) 예를 들어 조절학파의 논자들은 두 개 차원에서의 발생과 변화의 시간성 차이를 구별하면서 개인들의 행위가 만들어내는 제도라는 거시적 차원과 현존하는 여러 제도에 의해 제약되는 개인의 행위라는 미시적 차원을 결합시키는 '전체개인주의'(holindividualisme)라는 종합적인 사고방식을 제창하고 있다(Boyer and Saillard, 2002).

한 일종의 비공식적 제도를 상기시킬지도 모른다. 콩방시옹은 "특수한 규칙(룰)의 형태이다. 이러한 규칙에는 어떤 종류의 자의성이 내포되어 있거나, 대부분 법적 승인을 받지 못한 것이거나, 그 기원을 잘 알 수 없는 것이거나, 상대적으로 막연히 정식화된 것일 뿐이거나 때로는 상세하지만 공식적으로는 정식화되지 않은 것이다"(Favereau, 1999: 166). 콩방시옹의 전략적 접근 방법은 개인의 실질적(또는 최선의 경우 한정적) 합리성을 유지하면서도 루이스와 마찬가지로 게임이론을 채용한다는 것이다. 이를 통해 콩방시옹 학파는 콩방시옹의 규범적 차원, 표상의 중요성, 합리성의 절차적 성질을 강조하는 '해석학적 접근'을 제안한다(Batifoulier and de Larquier, 2001: 22).

공식적 규칙(룰), 예를 들어 법은 이렇게 엄밀한 의미에서 고찰되는 콩방시옹에 속하지는 않지만 넓은 의미에서의 콩방시옹은 매우 광범위한 영역을 다룬다. 그 이유는 넓은 의미에서의 콩방시옹은 반드시 공식적 규칙을 동반하며, 공식적 규칙은 원래부터 완비되지 않은 것이기 때문이다. 따라서 콩방시옹적인 규칙은 사회적 규칙 전체의 하위군일 뿐만 아니라 두 개의 별개 하위군, 특히 계약적 규칙과 법률 같은 강제적 규칙과의 결합에도 관여한다(Biencourt, Chasserant and Rebéroux, 2001: 213).

표준적 경제학은 계약이 **불완비**된 것이라는 점을 인정하며, 계약은 형식적으로나 명시적으로나 장래의 계약 불이행의 위험성을 전부 다룰 수는 없다. 실제로 조직의 공식적 규칙 내지는 성문화된 법률의 규칙조차 불가피하게 불완비성을 띤다. 따라서 콩방시옹의 차원은 좁은 의미에서의 콩방시옹의 규칙과 더불어 공식적 규칙을 포함하는 모든 규칙의 작용 속에 존재한다.

2) 개인 간의 조정: 해석의 장소

게임이론은 여러 개인 간 행위의 조정(coordination)이라는 주제를 다시 활성화했다. 그러나 그것은 기술적·사회적 분업이라는 틀 내에서 자율적이면서 상호의존적인 개인 또는 기업의 조정이라는 고전적 전통의 의미에서가 아니라 ('게임'에 의해) 규정된 국소적인 상호작용을 마주하는 공리주의적인 합리적 개인들의 조정이라는 의미에서이다. 콩방시옹 경제학은 대개 국소적인 접근 방법을 유지하면서 이러한 조정과 관련한 주제 체계를 발전시키지만 거대한 야심도 가지고 있어 다음과 같은 것에 대해 주장을 펼친다. 첫째로 모든 조정의 기초인 규칙(룰)의 관행(콩방시옹)적인 성질이나 차원에 대해서이며, 둘째는 오직 자신의 이익만을 추구하는 것이 아니라 여러 행위의 정통성에도 주의를 기울이는 개인에 의한 규칙의 해석이 수행하는 역할에 대해서이다.

'경제학에서의 인지론적 전환'에 이어 콩방시옹 경제학은 각종 사회관계에서의 개인적·집단적 표상을 강조한다. 개인은 공리주의적인 계산을 행하는 주체가 아니다. 그는 타자와의 조정이나 '공통선'에 관한 규범적인 목표를 자신의 행동에 적용하는 존재이다. 그 렇다 해도 이 공통선의 성질에 대해서는 논의의 여지가 있으며, 행위의 공간, '공유 공간(cité, 시민체로도 변역되나 여기서는 '공유 공 간'으로 번역함—역주)', 다양한 정통성의 원칙에도 의존하고 있다.

3) 규범적 질서의 경제시스템

『정당화에 관하여(De la Justification)』(1991)라는 저작에서 볼탕스 키(Luc Boltanski)와 테베노(Laurent Thévenot)는 사회에 존재하는 여섯 가지 '공유 공간'을 구별한다. 이 각각의 것에 뒤따르는 것은 '공정 한' 것 또는 정통성이 있는 것이라는 개념으로, 개인의 '규범적 질 서'를 형성하는 것에 대한 평가이다. 경쟁이나 분쟁을 통해 각각의 공유 공간은 스스로 고유한 행위를 상위의 원리를 통해 정당화하 려고 하며, 이러한 공유 공간을 통한 행위의 정당화는 콩방시옹의 일종이라고 해석할 수 있을 것이다. 이러한 점을 보면 콩방시옹에 의한 조정은 토의나 논쟁을 통해 실행될 가능성이 있다. 공유 공간 은 활동의 범위나 환경이 아니다. 그 이유는 동일한 활동 영역에서 다양한 정당화 원리가 통합되거나 대립할지도 모르기 때문이다. 이러한 것을 통해 강조하는 것은 가능한 콩방시옹의 복수성(複數性) 이자 정통성 있는 규칙을 바탕으로 하는 조정 형태의 복수성이다.

『자본주의의 새로운 정신(Le Nouvel Esprit du Capitalisme)』(Boltanski and Chiapello, 1999)에서 콩방시옹적인 접근 방식은 미시적 수준에서

〈표 4-1〉 공유 공간과 규범적 질서

공유 공간 또는 공통 세계	공통적인 상위 원리	규범적 질서	규범이 되는 것
영감(靈感)적 공유 공간	영감	기발함, 재능, 창의	창조성
가내적·가정(家政)적 공유 공간	전통, 재생산	계층상의 우위성	주인, 부모
언설(言說)적 공유 공간	평판	명성	스타, 오피니언 리더
시민적 공유 공간	일반 이해관계	공동선을 향해 행동하는 것	집단적 인격 (정당, 회사)
시장적 공유 공간	경쟁	타인이 욕심내는 재산을 소유하는 것	실업가, 상인, 고객, 부자
산업적·공업적 공유 공간	효율성, 경제적 성과	숙련된 것, 실용적 방법을 이용하는 것	직인(職人), 전문가, 대표자

자료: Boltanski and Thévenot(1991).

한층 전체적이고 역사적인 차원을 동반하는 거시적 수준으로 확장된다. 이는 그러한 접근 방법에서 자본주의, 자본주의 정신, 자본주의 비판을 집단적 대상 주체로 보기 때문이다. 1970년대 이후 프랑스에서는 새로운 공유 공간이 출현했다는 판단을 내리고 있다. 그것은 네트워크적 사고와 결합된 공동 과제를 지향하는 공유 공간이다. 이 공유 공간에서 상위 원리는 공동 과제를 관리하는 능력 또는 공동 과제에 참가하는 능력이며, 공동 과제의 관리자나 리더는 규범적 질서의 전형적인 대표자이다. 새로운 특징, 새로운 타협, 새로운 콩방시옹이 발생하는 곳이 바로 이러한 공유 공간이다.

〈표 4-2〉 조정 양식을 특정화하는 원리

조정 양식	시장적	산업 · 공업적	가내·가정(家政)적
① 평가 양식(규범적 질서)	가격	경제적 성과, 효율성	평판
② 공유하는 대상	시장재	기술 목표, 방법, 규범(norme)	특수 자산, 유산, 관례
③ 기본적 관계	교환	기능적 관계	신뢰
④ 적절한 정보 형식	통화	문서, 측정 가능성, 통계	구술
⑤ (사람의) 참여 형태	계약(1회 한정)	계획	약속
⑥ (사람의) 계층성	구매력	직능	권위
⑦ 공간	불확정	데카르트적 위치 선정	일극(一極)적 위치 선정
⑧ 시간	시간성 없음	현재에서 미래로	과거에서 현재로
⑨ 새로운 목표의 출현	교섭	혁신(이노베이션)	연(年)·계절

자료: Favereau and Thévenot(1996).

4) 조정 양식의 다원성

개인적 행동의 조정이라는 중심적인 문제에 대해 콩방시옹학파의 논자들은 다원론적 도식을 사용해 접근하고 있다. 여기에서 명시적으로 참조하고 있지는 않으나 이러한 연구는 커먼스나 폴라니, 또는 경제사회학의 접근 방식을 상기시킨다. 조정의 다양한 양식은 기업과 같은 조직의 내부 또는 경제 전체에서 공유하며, 이러한 양식이 '규칙(룰)의 균형'으로 해석될 수 있는 **타협**의 장을 제공한다. 파브로와 테브노는 세 가지 주요 조정 양식을 들어 <표 4-2>와 같은 조정의 다양한 차원을 비교했다(Favereau and Thévenot, 1996).

3. 호지슨과 구제도학파 경제학의 쇄신

제도경제학은 1950년대 이후 비주류 학파로 겨우 명맥을 유지했으나 1980년 말경 특히 1990년대에 영향력이 부활했다.[7] 이러한 변화의 원인으로 주목할 점은 주류경제학과 그 중심을 이루는 신고전학파 경제학에 대한 환멸이다. 특히 경제발전, 자본주의 경제의 구조 변화, 포스트 사회주의로의 전환 등의 다양한 문제에 대해 제도주의적 차원이 점차 부각되기 시작했기 때문이다.

영국의 경제학자인 호지슨(Geoffrey Hodgson)은 자신의 저술 활동과 진화론적 제도주의 학설사에 대한 독자적인 공헌을 통해 이러한 경제학의 혁신 운동에서 매우 적극적인 역할을 담당한다. 그는 베블런의 이론 계보에 위치하면서 넓은 의미에서의 제도경제학이 19세기 말 이후 수많은 이론가나 지적 조류에 끼친 역사적인 영향을 강조하고 있다.

---

7) 위대한 저자 또는 학파의 사상이 지닌 영향력이 공백기를 거쳐 다시 각광받는 식으로 지적 순환이 일어나는 것은 경제사상사에서 드문 일이 아니다. 가장 확실한 예로는 경제자유주의가 1940년대에 쇠퇴했다가 1980년대에 부활한 것을 들 수 있다. 또한 약 30년 이상에 걸쳐 슘페터나 하이에크 같은 사상가들의 이론이 새로운 발견이나 관심의 대상이 되기 전에는 거의 망각되었던 것도 대표적인 예로 들 수 있을 것이다. 반대로 케인스의 이론은 1940년대부터 1970년대에 걸쳐 큰 영향력을 행사했으나 (미래에 다시 살아날지 모르겠지만) 그 이후 영향력을 완전히 상실하고 말았다.

호지슨의 몇 가지 주요 출판물

제프리 호지슨이 편찬한 논문집 또는 저작

Economics and Biology (경제학과 생물학), Aldershot: Edward Elgar, 1993.

The Econmics of Institutions (제도의 경제학), Aldershot: Edward Elgar, 1993.

The Elgar Companion to Institutional and Evolutionary Economics (제도경제학·진화경제학 핸드북), Aldershot: Edward Elgar, 1994, .

The Foundations of Evolutionary Economics 1890~1973 (진화경제학의 기초), Aldershot: Edward Elgar, 1998.

A Modern Reader in Institutional and Evolutionary Economics: Key Concepts (제도경제학·진화경제학 독본), Cheltenham: Edward Elgar, 2002.

Recent Development in Institutional Economics (제도경제학의 새로운 전개), Cheltenham: Edward Elgar, 2003.

제프리 호지슨의 저작

Economics and Institutions. A Manifesto for a Modern Institutional Economics (경제학과 제도), Cambridge: Polity Press, 1988.

Economics and Evolutions. Bringing Life Back into Economics (진화와 경제학: 경제학에 생명을 되찾게 하다), Cambridge: Polity Press, 1993.

Economics and Utopia. Why the Learning Economy is not End of History (경제학과 유토피아: 사회경제시스템의 제도주의 분석), Londres: Routledge, 1999.

Evolution and Institutions. On Evolutionary Economics and the Evolution of Economics (진화와 제도: 진화경제학과 경제의 진화), Cheltenham: Edward Elgar, 1999.

How Economics Forget History. The Problem of Historical Specificity in Social Science (어떻게 해서 경제학은 역사를 망각했는가: 사회과학에서 역사적 특성의 문제),Londres: Routledge, 2001.

The Evolution of Institutional Economics. Agency, Structure, and Darwinism in American Institutionalism (제도경제학의 진화: 미국 제도주의에서의 작용, 구조, 다윈주의), Londres: Routledge, 2004.

1) 실재(實在)와 창발(創發)의 다층화

베블런의 접근법을 따라 호지슨은 다원주의가 일반적 방법으로도 해석될 수 있으며 다원주의가 적용 가능한 범위는 단순한 생물학을 훨씬 초월한다고 주장했다. 일종의 인종차별 이론이나 나치의 이론이 다원주의를 참고했다고 자칭하는 등 다원주의에 대한 사회적 불신 탓에 역사적으로 생물학의 명제 또는 은유를 차용하는 것에 대해 과도한 위화감이 나타났다. 실제로 다윈이 제창하는 것은 베블런이 활용한 '진화론적 설명 원리'와 같은 변이, 유전, 선택의 3대 원리이다. 이 3대 원리는 다양한 자연현상이나 사회현상에도 적용된다. 각각의 학문 영역 고유의 보조적인 설명이 동반된다면 이러한 다원적 원리는 일반적 유효성을 지닌 이론의 핵심으로 간주되어야 한다. 따라서 사회적·경제적 현상을 완벽하게 설명하는 것은 아닐지라도 "다원주의는 강력한 존재론을 포함하고 있다. 그것은 보편적인 메타이론으로 그 내부에 특수이론이 삽입되어야 한다. 또한 다원주의는 유추해낼 수 있는 부분이 풍부한 — 게다가 선택 가능한 — 원천이다"(Hodgson, 2002: 278). 사회과학, 특히 경제학 영역에서 진화론적 사상의 쇄신은 "경제학에 생명을 다시 불어넣을(brings life back into economics)"지도 모른다. 다시 말해 환원주의로 빠지는 일 없이 첫째로 경제학의 활성화, 둘째로 근대 생물학에서 탄생한 주제와의 재결합이라는 이중의 의미에서 다시 경제학에 생명을 불어넣을지도 모른다.

호지슨은 관련되는 두 개의 주제가 베블런의 논의에서 뚜렷하게 나타나는 사회과학 일반과 생물학의 재결합이 갖는 효력을 명백히 한다고 본다. 첫 번째 주제는 모든 자연적·사회적 현실을 조직하는 다수의 차원이 존재한다는 인식이다. 그는 이것을 '다층적 존재론(multilayered ontology)'이라는 명칭을 붙여 분석하고 있다. 예를 들면 물질 차원, 분자 차원, 유기체 차원, 정신 차원, 각각의 인간 차원, 마지막으로 사회 차원으로 이어지는데, 이것들은 상호 의존하고 있다. "모든 사물은 한 가지 차원에 속하며, 각각의 차원은 일정 한도 내에서 상대적 자율성과 안정성을 지닌다"(Hodgson, 2004: 32).[8] 그리고 현실의 여러 차원들을 구별하는 것은 바로 상위의 차원으로 이행하는 중에 나타나는 창발성(創發性)이다. 질적인 신기성(新奇性)을 의미하는 이 **창발**의 개념은 두 번째 기초적 명제이다. "어떤 특성이 존재하는 것이 하위 차원에 있는 실체에 의존하고 있을 때, 이러한 특성이 하위 차원에 있는 특성으로 환원되지 않고서는, 그 차원에서 예측될 수도 없는 경우, 이를 **창발**이라고 부를 수 있다"(Hodgson, 2004: 32). 본원적인 진화론적 특징을 지닌 제도경제학의 여러 귀결 중 특히 중요한 것은 분석 단위로서 제도를 사용하는 것이 정당화될 수 있다는 점이며, 거시경제학의 근거를 '미시경제학적 기초'에 두려는 신고전학파의 시도가 환원주의적 특징을 지니고 있다는 것을 나타낼 수 있다는 점이다(Hodgson, 2004: XIX).

---

8) 특히 바스카(Roy Bhaskar)의 철학에서 촉발된 이러한 접근은 모린(Edger Morin)이 전개한 관점을 상기시킨다.

2) 진화론적 제도학을 위하여

뒤르켐은 사회학을 '제도의 과학'으로 정의했으나, 호지슨은 경제학과 사회학의 영역을 확장할 것을 제창했다. 이러한 확장은 경제적·사회적 제도의 연구, 다시 말해 **제도학**(thesmology, '제도'를 의미하는 그리스어 'thesmos'에서 유래)을 위한 특수한 학문을 구축함으로써 이루어진다. 이러한 제도학의 대상이 되는 것은 사회생활과 관련한 제도적 소재를 구성하는 규칙, 규범, 구조의 성질·형태·진화일 것이다(Hodgson, 2001: 349). 이러한 제도학에서 다양한 정치제도, 조직 등에 관한 연구는 하위의 학문 분야를 구성한다.

호지슨은 제도를 사회적 규칙(룰)으로 정의한다는 점에서 노스와 가깝지만, 제도에 조직을 포함시키는 정통적인 제도주의에서 유래하는 광의의 구상을 유지한다는 점에서 노스와는 구별된다. "제도는 이미 확립되어 내부에서 작용하는 사회적 규칙이나 관습으로 이루어진, 지속성을 지닌 시스템이다. 이러한 규칙이나 관습이 사회적 상호작용을 구조화한다. 언어, 화폐, 법, 도량형 시스템, 테이블 매너, 기업(또는 그 밖의 조직) 모두가 제도이다. 제도의 지속성은 제도가 다른 사람의 행동에 관해 안정적인 예상을 이끌어낼 수 있다는 것을 바탕으로 한다. 일반적으로 제도는 논리 정연한 사고, 예상, 활동을 가능하게 하며, 인간의 여러 활동에 형태를 부여해 일관성을 제공한다. 그것은 사고나 각각의 활동에 의존하고 있으나, 사고나 활동으로 환원되지는 않는다"(Hodgson, 2003: 163).

조직에 관해 말하자면, 그것은 다음과 같은 함의를 지닌 특수한 제도이다. 첫째로 조직의 경계를 확정하고 조직의 일원과 그렇지 않은 사람들을 구별하는 기준, 둘째로 지배권이 있는 명확한 주권의 원리, 셋째로 조직 내부의 책임을 결정하는 지휘 계통이다 (Hodgson, 2006).

3) 재구성적 하향 인과관계

호지슨은 신제도학파 경제학이 개인 및 개인의 선호나 욕구를 주어진 것으로 보는 오류를 신고전학파 경제학과 공유한다고 본다.[9] 반대로 제도주의 1세대의 주요한 공헌은 다음과 같은 사고방식에서 찾을 수 있다. 개인들 간의 상호작용은 각종 제도의 형성을 이끌지만 그와는 반대 방향으로 이러한 제도들은 개인의 합목적성이나 선호에도 영향을 미친다. "제도는 단순히 개인의 활동에 종속되어 있는 것에 그치지 않고 개인들의 활동을 제약하고 만들어내기도 한다. 이러한 포지티브 피드백(positive feedback)은 제도의 자기강화적이고 자기유지적인 특징을 더욱 견고하게 한다"(Hodgson, 2003: 163). 개인의 행동은 제도에 의해 제약되고 또 그것의 도움을

---

9) 호지슨은 넬슨과 윈터의 진화경제학(Nelson and Winter, 1982)이 그야말로 구제도학파 경제학과 명백하게 연결되어 있으며, 노스의 저작(North, 1990)과 같이 하이에크 말년의 저작(Hayek, 1988)도 구제도학파 경제학과 가깝다고 지적한다(Hodgson, 1998: 77).

받기도 하지만, 나아가 제도는 개인의 욕망에 형태를 부여하고 그것을 수정한다. 아래에서 위로 또는 위에서 아래로 작용하는 인과관계의 정도를 구별해, 호지슨은 이러한 결정 관계를 재구성(再構成)적 하향 인과관계(reconstitutive downward causation)라고 부른다. "사회구조에 관여하는 인과적인 힘은 단순히 행위를 한정하고 제약하는 것에 그치지 않고 개인의 기본적 특성, 능력, 성향에 영향을 끼치며, 또 그것들을 수정하기도 한다. 계층적으로 상위의 레벨이 하위 레벨의 구성 요소에 이러한 방식으로 작용할 때 발견되는 것은 '하향적 인과관계'의 강력하고 특별한 사례이다. 이것을 우리는 **재구성적인 하향 인과관계**라고 한다. **제도**라고 부르는 것은 이러한 특수한 사회구조이며 이러한 구조는 개인에게 실질적이고 지속적이며 광범위한, 재구성적 하향 인과관계의 힘을 발휘한다"(Hodgson, 2004: 188).

제5장

제도주의 경제학에서의 통일성과 다양성

다양한 경제 문제를 검토하면서 알게 된 것은 제도의 중요성과 그 영향력을 쉽게 사상해버리는 것이 불가능하다는 점이다. 이 명제는 물론 정도의 차이는 있지만 실제로 근대 경제사상의 출발점에서부터 매우 많은 학파와 이론에 의해 인정되어왔다. 그럼에도 경제에서 제도가 중심적 역할을 수행한다는 것을 분명히 인식하고 그것을 이론화하기 위해 노력한 접근, 다시 말해 제도경제학의 이론 계보를 이루는 다양한 논의는 세기가 바뀔 무렵, 즉 19세기 말과 20세기 초, 20세기 말과 21세기 초에 특히 꽃을 피웠다. 이 이론 계보는 눈에 띄게 다양하지만 중심을 이루는 몇 가지 관심을 공유해오고 있다.

1. 주요 공통 주제

당연하게도 첫 번째 공통 주제는 사회적 활동 영역으로서의 경제가 근본적으로 '제도화되어 있는' 것이므로 과학으로서 또는 학문으로서 경제학은 제도를 고려해 연구해야 한다는 사고방식이다. 따라서 경제학은 그 분야에서 외생적인 것으로서가 아니라 내생적인 것으로서 제도를 고찰하지 않으면 안 된다. 그러나 신고전학파적 패러다임의 영향하에서 사실상 20세기에 지배적이었던 것은 제도가 외생적이라고 보는 견해이다. 신고전학파적 패러다임의 목적은 특히 공리화 및 형식화를 통해 경제학을 엄밀한 과학으로 만드는 것, 다른 사회과학과는 확실히 다른 별개의 과학으로 만드는 것에 있다. 따라서 제도주의의 이론 계보에 속하는 여러 학파들이 대개 공유하는 것은 신고전학파적 전통을 비판하거나 그것과 거리를 두는 것이다. 특히 개인의 계산합리성의 가정과 수학적 형식화에 대한 그들의 집착을 비판한다.

제도경제학의 이론 계보에 공통된, 또는 유력한 두 번째 특징은 경제학 연구에서의 주된 관심이 **변화**의 문제에 관한 것이라는 점이다. 실제로 제도는 끊임없이 변화하는 세계에서 영속성을 지닌 요소를 표상하나,[1] 제도 역시 변화하는 것으로서 그것은 탄생해서

---

1) 시스템으로서 또는 제도적 구도로서 자본주의의 역사적 독자성이라 함은 자본주의가 만들어내는 변화의 영속성이다. 마르크스나 슘페터가 전개한

진화하고 소멸하는 것이다. 여기에서 제도주의적 접근은 필연적으로 역사가들이 다루던 고전적인 문제, 즉 지속성과 변화의 관계라는 문제에 직면할 수밖에 없다. 좀 더 정확히 말해, 제도 변화나 경제 과정상의 변화가 다양한 시간성을 지닌다는 것이 중심적 문제가 된다는 것이다. 따라서 **과정**, 또는 누적적 변화의 시간적 연속성에 대한 관심은 **균형**에 초점을 맞춘 접근보다 훨씬 강하다. 균형은 신고전학파 전통의 중심 개념이다. 적어도 신고전학파와의 거리를 상대적으로 많이 두는 경제학자일수록 과정에 대한 분석을 중시하는 경향이 있다.

제도경제학에 속하는 여러 학파에서 자주 볼 수 있는 또 하나의 특징은 **창발**이라는 주제이다. 창발은 개인적 활동 또는 집단적 활동에서 생각지도 않게, 때로는 이해 불가능하게 초래되는 것으로서, 그것은 이러한 활동의 합성이거나 집계의 효과이다. 이 효과는 ('보이지 않는 손'과 같은 식의) 좋은 결과를 불러오기도 하고, 악의 결과(최악의 효과)를 불러오기도 하며, 경우에 따라서는 좋은 결과와 나쁜 결과 모두를 초래하기도 하는 것으로 논의될 수 있다. 경제적 현실과 관련한 다수의 차원, 예를 들어 개인, 조직, 제도, 경제 또는 사회 전체 간 상호작용을 명시적으로 고찰하는 경우, 이러한 효과는 중요한 위치를 차지한다.

이 명제는 오늘날까지도 이 시스템에 관한 가장 깊이 있는 진단으로 평가받는다.

2. 두드러지는 다양성

이 책에서 지적해온 것은, 매우 유사한 깃발 또는 동일한 전통 밑에 결집하고 있는데도 다양한 논자나 학파 간에 분명히 차이가 발견되며 때로는 매우 큰 차이가 있다는 것이었다. 예컨대 미국 제도학파 내부의 베블런과 커먼스의 상이함(Corei, 1995), 신제도학파 경제학에서 윌리엄슨과 노스의 차이, 프랑스 제도주의에서는 레귤라시옹이론과 콩방시옹이론의 차이를 지적하는 것만으로도 충분할 것이다. 이러한 내부적 차이는 제도주의 경제학의 폭넓은 이론 계보를 구성하는 여러 학파 또는 집단 간의 간격과 복잡하게 얽혀 있다. 오스트리아학파의 전통과 구(또는 신)제도학파 사이에서 볼 수 있는 것과 같은, 선험적(a priori)으로는 있을 수 없을 듯한 부분적 접근이 확인되는 것은 제도경제학의 이론 계보가 특히 학설적·방법론적·이론적 다양성을 지니고 있다는 것과 관련이 있다.

특히 뚜렷이 나타나는 것은 제도경제학에 속하는 여러 학파 내에서 경제자유주의와 개입주의 또는 사회주의를 양극으로 설정하여 그 사이에 학설상의 큰 입장 차가 존재한다는 것이다. 한쪽 극단에는 강렬하고 근본적인 자유주의를 특징으로 하는 오스트리아학파의 전통이 있고, 다른 한쪽 극단에는 폴라니의 사회주의적 경향과 이성에 합치되는 자본주의를 추구하는 커먼스의 적극적 개량주의나 슈몰러의 권위주의적 개량주의가 있다. 주류경제학에 가까

운 신제도학파 경제학이 대체로 온건한 자유주의를 선호하는 경향
이 있는 반면, 주류경제학과는 상대적으로 거리가 먼 구제도주의
학파는 자본주의의 개입주의적·개량주의적 극단에 가까우며 오히
려 경제적 자유주의를 비판한다. 따라서 학설상의 입장과 제도주
의적 이론 계보에의 귀속 간에는 직접적 관계가 존재하지 않는다.[2]

이와 같은 성향상의 다양성은 제도의 문제를 분석하는 데 적용
되는 방법론적 입장의 경우에서도 찾아볼 수 있다. 제도경제학에
속하는 여러 학파들은 모든 설명의 기초를 개인의 행위에 두는 방
법론적 개인주의와 개인적 행동의 결정 요인으로서 집단적 구조를
우선하는 방법론적 전체주의 및 집단주의와의 단순한 대립을 상대
화하는 것에 대해 공헌해왔다. 이러한 상대화는 당연한 것이다. 그
이유는 개인의 행위와 제도 간의 상호작용이 제도주의적 접근의
주된 관심사이기 때문이다. 다만 논자나 학파에 따라 방법론적 개
인주의를 우선하거나 방법론적 전체주의를 우선하는 경향은 아직
남아 있다. 이 두 가지 방법론적 경향이 종합되어야 한다는 논의도
존재하지만, 이는 불가능할 것으로 보인다.

신고전학파 이론과의 명시적인 차이나 신고전학파에 대한 비판

---

2) 덧붙이자면, 신고전학파의 전통 그 자체는 꽤 다양한 학설상의 입장과 양
   립 가능하다는 것이 명백하다. 이 학파가 몇 개의 케인스적 요소와 결합되
   던 때가 있었다. 이것은 케인스의 학설을 경제의 자유주의 학설과 동일화
   해 환원한 것이다.

의 수위는 제도경제학파 내에서도 제각각이다. 초기의 제도주의는 고전학파 및 신고전학파에 대해 이의를 제기함으로써 형성된 것이지만, 오스트리아학파의 전통은 20세기 후반에 들어 신고전학파와의 차이점이 강조되기 전에는 원래 신고전학파에 강한 친근감을 나타냈다. 이와는 달리 신제도학파 경제학은 신고전학파의 한 분파로 볼 수 있다. 그것을 학파 내부에서의 의견 차이라고 해석할 수 있으나, 때로는 분명한 선을 긋지 않을 수 없는 경우도 있다.[3]

마지막으로 제도가 사회학·정치학·역사학과 같은 여러 학문의 대상이기도 하기 때문에, 제도경제학자는 여러 사회과학 사이의 관례적인 경계선을 수정하고 있다. 물론 이러한 인접 학문 간의 융합을 시도하는, 다시 말해 학제(學製)적인 경향은 제도주의 경제학의 학파들이 지닌 공통된 특징이다. 그런데 학파들의 선호는 여기에서도 제각각으로, 어떤 학파는 사회학과의 결합을 우선시하고 다른 학파는 법학이나 역사학 또는 인지과학과의 결합을 우선시한다. 경제학의 제도적 접근과 실제 행해지거나 기대되는 학제적 성격의 형태 사이에도 역시 직접적인 연관은 존재하지 않는다. 그러

---

3) 그러나 이러한 분파 또는 구분이라는 이미지에는 숨은 뜻이 있다. 그것은 신고전학파의 전통이 오늘날 경계선을 긋기 곤란할 정도로 다양하게 분화된 매우 거대한 이론 계보를 구성하고 있기 때문이다. 그렇다 해도 신고전학파의 공통된 기초는 여전히 존재하며, 이는 개인의 합리성이나 성향, 시장 및 경쟁의 개념, 균형의 패러다임, 최적화 등의 문제 설정, 그리고 효율적인 균형 상태를 불완전한 실증적 상황과 비교하는 것 등으로 구성된다.

나 여러 가지 역사적 문제와 역사적 접근법을 중요시하는 경향은
제도주의 경제학자들에게서 쉽게 발견된다.

3. 이론적 차이

앞서 언급한 제도경제학에 속하는 다양한 학파 간 차이점과 더
불어 다음과 같은 점들에 관한 개념의 다양성 또한 강조하지 않을
수 없다. 이것은 다시 말해 제도, 제도의 창발, 제도의 역할(또는
기능), 제도의 변화(또는 진화), 주어진 시대와 역사 속에서의 다양한
경제적 성과와 제도의 관계에 관련한 개념의 다양성이다. 이 책에
서 자세하게 살펴본 것은 바로 이러한 다양성이다. <표 5-1>에
이러한 다양성 중 주요한 몇 가지를 선택하여 요약해놓았다.

이와 더불어 자생적인 진화를 통해 아래에서 위로 형성되는 제
도에 관심을 집중할 것인지, 아니면 의도적인 방식으로 위에서 아
래로 확립된 제도에 관심을 집중할 것인지 하는 분기적 갈래가 존
재한다(Rutherford, 1994). 그리고 제도를 현재의 제도를 개혁하기 위
해 분석할 것인지 아니면 유지하기 위해 분석할 것인지 하는 분기
적 갈래도 존재한다. 또한 제도 분석의 동기가 사회주의 비판(하이
에크)일 수도 있고 자본주의 비판(베블런)일 수도 있다는 것, 나아가
인간 행동과 심리에 대한 매우 다양한 접근법이 동원될 수도 있다
는 것 등이 있다.

〈표 5-1〉 다양한 제도경제학 이론의 비교

구분	슈몰러	베블런	커먼스	멩거	하이에크
제도의 성질	습관과 불문슈, 도덕, 법의 총체, 이것들은 목적을 가지고 시스템을 형성한다	사고 습관과 공동 행위	개인의 활동을 제어하는 집단적 활동	전체에 대한 기능성을 나타내는 사회현상	규범과 질서
패러다임(들)을 이루는 제도(들)	국가	사적 소유, 영리기업, 유한계급	활동적 조직, 코먼로	화폐	화폐, 언어, 법(코먼로)
분석의 중심이 비공식적 제도인가 공식적 제도인가	비공식적 제도와 공식적 제도	비공식적 제도	공식적 제도	비공식적 제도와 공식적 제도(유기적 제도와 실용주의적 제도)	비공식적 제도(전통)
제도와의 관계로 본 조직	제도로 이루어진 기관: 사람들, 가족, 사회단체, 조합, 기업, 국가	조직이란 제도다	영속기업 또는 영속체(조직=제도)	조직은 제도이다(암묵적으로 표현)	(자생적 질서와 대립하며 더 다양한 규범을 바탕으로 하는 조직된 질서
진화이론	역사적 단계	방법론적 다위니즘, 제도의 자연선택(+역사적 단계)	제도의 인위적 선택(+역사적 단계)	이노베이션+모방, 보이지 않는 손	문화적 진화, 군(집단) 선택을 통한 규범의 선택
역사와 제도경제학의 관계	역사학파	역사에 직접적으로 의거	정형화된 역사	방법론 논쟁: 정밀한 방법 vs. 역사적 방법	장기적인 문화사

구분	윌리엄슨	노스	아오키	조절학파	호지슨
제도의 성질	거래의 거버넌스 양식	게임의 룰: 공식적이 면서도 비공식적인 제 약, 이행	게임을 진행하는 방법 에 관한 공유 예상의 자기유지적 (균형) 시 스템	기초적 관계의 코드화: 사회적으로 제도화된 타협	상호작용을 구조화하 는 사회적으로 내재된 규칙시스템
패러다임(틀)을 이루 는 제도(틀)	시장, 위계조직	소유	기업	임노동자, 국가, 화폐	언어
분석의 중심이 비공 식적 제도인가 공식 적 제도인가	공식적 제도	비공식적 제도와 공식 적 제도	공식적 제도	공식적 제도	비공식적 제도와 공식 적 제도
제도와의 관계로 본 조직	위계조직(조직=거버넌 스 형태=제도)	(제도라는 룰에서서)게 임의 참여자: 제도의 다양한 조직	조직은 제도인 동시에 참여자이다	조직과 제도와의 구별 을 언급(노스 참조)	비공식적 제도와 공식 조직은 제도다
진화이론	거래 비용의 최소화를 바탕으로 하는 선택 (≠진화)	권력을 가진 집단이 새로운 룰(규칙)을 도 입: 경로의존성, 잠김 현상	반복게임이론, 복수 균형	제도적 구조 내에서 눌 이지는 긴장: 위기를 통해 시기로 구분되는 진화	(베블런이) 보편적 다 아니즘
역사와 제도경제학의 관계	대기업에 관해서는 챈 들러를 참조	100년 단위의 장기적 역사	국민국가, 부문, 지역 의 공시적 모델에 의거	역사적 기 사고의 역사: 시장경제학	역사적 특수성의 문제

4. 한정적인 대상, 일반적인 이론

다양한 제도경제학 이론에 대한 평가와 비교에서 특히 어려운 것은 이러한 이론들이 제도에 관한 일반이론 수준으로 자리매김하기를 원할 때, 각 이론이 주로 연구하려는 **문제의 유형**과 관련해 몇 가지 한계에 부딪힌다는 것이다. 예를 들어 거시적 차원의 문제도 있는가 하면 미시(또는 더 나아가 메조)적 차원의 문제도 있다. 역사적 성격의 문제나 이론적 성격의 문제도 있고, 공식적 제도에 관련된 문제나 비공식적 제도에 관련된 문제도 있다. 조직 영역에 집중하는 문제나 조직 영역을 초월한 문제도 존재한다. 물론 이러한 연구 대상의 차이는 이미 말한 바와 같은 학설상, 방법론상, 이론상의 차이와 결부되어 있다. 어떤 한 사람의 논자 또는 하나의 학파는 시·공간적으로 한정된 상대적으로 특수한 의문이나 문제를 처리하기 위해 개념을 만들어낸다. 이러한 개념을 확장하고 일반화함으로써 이 한 사람의 논자 또는 하나의 학파가 제도경제학의 일반이론을 구축하게 되는 경우, 연구 대상을 특정한 것으로 한정함으로써 발생하는 한계나 편견을 동반한 이론이 제시될 위험성이 있다.

이 책에서는 이러한 종류의 한계를 몇 가지 살펴보았다. 예를 들어 커먼스는 20세기 초반 미국의 경험을 특권화해 그것을 제도경제학의 기초로 활용하려고 했다. 하이에크는 사회주의(또는 케인스주의)의 설계주의적 주장을 논박하기 위해 질서나 규범에 관한 일반이론을 구축하려고 했다. 노스는 서양 국가의 경제적 성공이 지닌 예외적 특징을 찾으려 했다. 조절이론은 포디즘의 역사와 그 계승을 이해하고자 한다는 목적하에 전개되었다. 그러나 모든 사회과학 이론은 그 시대나 역사적 정세, 그리고 중시하는 **연구 대상**에 따라 필연적으로 조건이 부여된다는 점을 강조할 수밖에 없다. 대개 탁월한 사상가나 학파의 공헌은 바로 그들이 우선적으로 선택한, 한정적인 주제를 연구함으로써 더욱더 광범위한, 나아가 보편적인 여러 문제에 빛을 비추는 것에서 이루어진다. 그렇기 때문에 다양한 이론과 이론사에 대한 이해, 여러 이론에 대한 비판적 검토는 언제나 새로운 창조적 연구에 불가결한 통과점으로 작용하는 것이다.

참고문헌

Albert, M. 1991. *Capitalisme Contre Capitalisme*. Paris: Seuil.

Amable, B. 2005. *Les Cinq Capitalismes. Diversité des systèmes économiques et sociaux dans la mondialisation*. Paris: Seuil.

Aoki, M. 2000. *Information, Corporate Governance, and Institutional Diversity. Competitiveness in Japan, the USA, and the Transition Economies*. Oxford: Oxford University Press.

_____. 2001. *Toward a Comparative Institutional Analysis*. Cambridge: MIT Press.

Batifoulier, P. and G. Larquier. 2001. "De la Convention et de ses Usage." in P. Batifoulier(ed.). *Théorie des conventions*. Paris: Economica.

Bazzoli, L. 1999. *L'Économie Politique de John R. Commons. Essai sur l'institutionnalisme en sciences sociales*. Paris: L'Harmattan.

Biencourt, O., C. Chaserant and A. Rebérioux. 2001. "L'économie des conventions: l'affirmation d'un programme de recherche." in P. Batifoulier(ed.). *Théorie des conventions*. Paris: Economica.

Berger, S. and R. Dore(eds.). 1996. *National diversity and Global Capitalism*. Ithaca: Cornell University Press.

Billaudot, B. 2001. *Régulation and Croissance: Une Macroéconomie historique et institutionnelle*. Paris. L'Harmattan.

Boltanski, L. and E. Chiapello. 1999. *Le Nouvel Esprit du Capitalisme*. Paris: L'Harmattan.

Boltanski, L. and L. Thévenot. 1991. *De la Justification. Les Économies de la Grandeur*. Paris: Gallimard.

Boyer, R. 1986. *La Théorie de la Régulation: Une Analyse Critique*. Paris: La Découverte.

_____. 2004a. *Théorie de la Régulation. 1. Les Fondamentaux*. Paris: Le Découverte.

_____. 2004b. *Une Théorie du Capitalisme est-elle Possible?* Paris: Odile Jacob.

Boyer, R. and J. Hollingsworth(eds.). 1997. *Contemporary Capitalism. The Embeddedness of Institutions*. Cambridge: Cambridge University Press.

Boyer, R. and Y. Saillard(eds.). 2002. *Théorie de la Régulation: l'etat des Savoirs*. 2nd ed. La Découberte.

Chavance, B. 1996. *Marx et le Capitalisme. La dialectique d'un Systéme*. Paris: Nathan.

_____. 2001. "Organisation, Institutions, Systéme: Types et Niveaux de Régles." *Revue d'économie Industrielle*. Vol. 4, No. 97.

Coase, R. 1937. "La Nature de la Firme(The Nature of the Firm)." *La Firme, le Marché et le Droit*. Paris: Diderot Editeur.

_____. 1998. "The New Institutional Economics." *American Economic Review*. Vol. 88. No. 2. May.

Commons, J. 1899~1900. *A Sociological View of Sovereignty*. New York: Augustus Kelley. 1967.

_____. 1924. *The Legal Foundations of Capitalism*. Madison: University of Wisconsin Press. 1968.

_____. 1934. *Institutional Economics. Its Place in Political Economy*. New Brunswick/ Londres: Transactions Publishers. 1990. Vol. 2.

_____. 1950. *The Economics of Collective Action*. Madison: University of Wisconsin Press. 1970.

Corei, T. 1995. *L'Économie insitutionnaliste. Les Fondateur*. Paris: Economica.

Crouch, C. 2005. *Capitalist Diversity and Change. Recombinant Governance and Institutional Entrepreneurs*. Oxford: Oxford University Press.

Delorme, R. and C. André. 1983. *L'État et l'économie. Un Essai d'explication des Dépenses Publiques en France*. Paris: Seuil.

Denzau, A. and D. North. 1994. "Shared Mental Models: Ideologies and Institutions." *Kyklos*, Vol. 47, No. 1.

Eucken, W. 1940. *The Foundations of Economics. History and Theory in the Analysis of Economic Reality(Grundlagen der Nationalökonomie)*. Londres: William Hodge & Co. 1950.

_____. 1952. *Grundsätze der Wirtschafstpolitik*. Bern-Tübingen: J. C. B. Mohr.

Favereau, O. 1989. "Marchés Internes, Marchés externes." in "L'économie des Conventions."

Revue économique, Vol. 40, No. 2, March.

_____. 1999. "Salaire, Emploi et Économie des Conventions." *Cahiers d'économie Politique*, No. 34.

Favereau, O. and L. Thévenot. 1996. "Réflexions sur une notion d'équilibre Utilisable dans une Économie de Marchés et d'organisations." in G. Ballot (ed.). *Les Marchés Internes du Travail: de la Microéconomie à la Macroéconomie*. Paris: PUF.

Field, A. 1979. "On the Explanation of Rules Using Rational Choice Models." *Journal of Economic Issues*. Vol. XIII, No. 1, March.

_____. 1994. "Game Theory and Institutions." in G. Hodgson et al.(eds.). *The Elgar Companion to Institutional and Evolutionary Economics*. Aldershot: Edward Elgar. Vol. 1.

Fleetwood, S. 1995. *Hayek's Political Economy: The Socio-economics of Order*. Londres/New York: Routledge.

Gislain, J. -J. 1999. "Les Conceptions Évolutionnaires de T. Veblen et J. R. Commons." *Économies et Sociétés*, hors-série, Vol. 35, No. 1.

_____. 2002. "Causalité Institutionnelle: La Futurité chez J. R. Commons." *Économie et institutions*, No. 1.

_____. 2003. "L'émergence de la Problématique des Institutions en Économie." *Cahiers d'économie politique*, No. 44.

Greif, A. 1994a. "Cultural Beliefs and the Organizations of Society: A Historical Reflection on Collectivist and Individualistic Societies." *Journal of Political Economy*, Vol. 102, No. 5, October.

_____. 1994b. "On the Political Foundations of the Late Medieval Commercial Revolution: Genoa during the Twelfth and Thirteenth Centuries." *Journal of Economic History*, Vol. 54, No. 2.

_____. 1998. "Historical and Comparative Institutional Analysis." *American Economic Review*, Vol. 88, No. 2, May.

_____. 2006. *Institutions and the Path to Modern Economy. Lessons from Medieval Trade*. Cambridge: Cambridge University Press.

Hall, P. and D. Soskice. 2001. *Varieties of Capitalisme. The Institutional Foundations of*

Comparative Advantage. Oxford: Oxford University Press.

Hamilton, W. 1919. "The Institutional Approach to Economic Theory." *American Economic Review*, Vol. 9, No. 1, March.

_____. 1932. "Institutions." in E. Seligman and A. Johnson(eds.). *Encyclopedia of the Social Sciences*, Vol. 8. New York: Macmillan(retrieve in Journal of Institutional Economics, Vol. 1, No. 2, December, 2005).

Hayek, F. 1944. *La Route de la Servitude*. Paris: PUF. 2002.

_____. 1960. *La Consitution de la Liverté*. Paris: Litec. 1994.

_____. 1967a. "Notes on the Evolution of Systems of Rules of Conduct." *Studies in Philosophy, Politics and Economics*. Chicago: The University of Chicago Press.

_____. 1967b. "The Theory of Complex Phenomena." *Studies in Philosophy, Politics and Economics*. Chicago: The University of Chicago Press.

_____. 1973. *Droit, Légilation et liberté*, Vol. 1, *Régles et Ordres*. Paris: PUF. 1995.

_____. 1976. *Droit, Légilation et liberté*, Vol. 2, *Le Mirage de la Justice Sociale*. Paris: PUF. 1995.

_____. 1979. *Droit, Légilation et liberté*, Vol. 3, *L'ordre Politique d'un Peuple Libre*. Paris: PUF. 1995.

_____. 1988. *La Présomption Fatale. Les Erreurs du Socialisme*. Paris: PUF. 1993.

Hodgson, G(ed.). 1993. *The Economics of Institutions*. Aldershot: Edward Elgar.

_____. 1994. "The Return of Institutional Economics." In N. Smelser and R. Swedberg (eds.). *Handbook of Economic Sociology*. Princeton: Princeton University Press.

_____. 1998. "The Approach of Institutional Economics." *Journal of Economic Literature*, Vol. XXXVI, March.

_____. 2000. "What is the Essence of Institutional Economics." *Journal of Economic Issues*, Vol. XXXIV, No. 2. June.

_____. 2001. *How Economics Forgot History. The Problem of Historical Specificity in Social Science*. Londres: Routledge.

_____. 2002. "The Evolution of Institutions: An Agenda for Future Theoretical Research." *Constitutional Political Economy*, No. 13.

_____. 2003. "The Hidden Persuaders: Institutions and Individuals in Economic

Theory." *Cambridge Journal of Economics*, Vol. 27, No. 2. March.

_____. 2004. *The Evolution of Institutional Economics. Agency, Structure and Darwinism in American Institutionalism*. Londres: Routledge.

_____. 2006. "What are Institutions?" *Journal of Economic Issues*, Vol. 40, No. 1, March.

Hodgson, G., W. Samuels and M. Tool(eds.). 1994. *The Elgar Companion to Institutional and Evolutionary Economics*. Aldershot: Edward Elgar. Vol. 2.

Kornai, J. 1992. *Le Systéme Socialiste. Économie Politique du Communisme*. Grenoble: PUG. 1995.

Lavoie, M. 2004. L'*Économie Post-Keynésienne*. Paris: La Découverte.

Lewis, D. 1969. *Convention. A Philosophical Study*. Cambridge: Harvard University Press.

Lordon, F. 1994. "Modéliser les Functuations, le Changement Structurel et les Crises." *Revue d'économie Politique*, Vol. 104, No. 2/3.

Maucourant, J. 2005. *Avez-vous lu Polanyi?* Paris: La Dispute.

Menger, C. 1871. *Grundsätze der Volkswirtschaftslehre*. Tübingen: J. C. B. Mohr.

_____. 1883. *Investigations into the Method of the Social Sciences, With Special Reference to Economics(Untersuchungen Über die Methode der Sozialwissenschaften und der Politischen (Ekonomie Insbesondere)*. New York: New York University Press. 1985.

_____. 1892. "On the Origins of Money." *Economic Journal*, No. 2, June.

Nelson, R. and S. Winter. 1982. *An Evolutionary Theory of Economic Change*. Cambridge: Harvard University Press.

Nemo, P. 1988. *La Société de droit selon F. A. Hayek*. Paris: PUF.

North, D. 1981. *Structure and Change in Economic History*. New York: W. W. Norton & Co.

_____. 1990. *Institutions, Institutional Change and Economic Performance*. Cambridge: Cambridge University Press.

_____. 1994. "Economic Performance through Time." *American Economic Review*, Vol. 84, No. 3, June.

_____. 2005. *Understanding the Process of Economic Change*. Princeton: Princeton University Press.

O'Brien, D. 1998. "Hayek, Friedrich August Von(1899~1992)." in P. Newman(ed.). *The New Palgrave Dictionary of Economics and the Law*. Londres: Macmillan. Vol. 1.

Petit, P. 2005. *Croissance et Richesse des Nations*. Paris: La Découverte.

_____. 2006. "Socio-institutional Changes in the Post-fordist era." in B. Coriat, P. Petit and G. Schmeder(eds.). *The Hardship of Nations: Exploring the Paths of Modern Capitalism*. Cheltenham: Edward Elgar.

Polanyi, K. 1944. *La Grande Transformation. Aux Origines Politiques et Économiques de notre temps*. Paris: Gallimard. 1983.

_____. 1957. "L'économie comme Processus Institutionnalisé." In K. Polanyi, C. Arensberg and K. Pearson(eds.). *Les Systémes Économiques dans l'histoire et la Théorie(Trade and Market in the Early empires)*. Paris: Larousse. 1975.

_____. 1968. *Primitive, Archaic and Modern Economies. Essay of Karl Polanyi*. Edited by G. Dalton. Boston: Beacon Press.

_____. 1977. *The Livelihood of Man*. Edited by H. Pearson. New York: Academic Press.

Rutherford, M. 1994. *Institutions in Economics. The Old and the New Institutionalism*. Cambridge: Cambridge University Press.

Schmoller G. 1900. *Principes d'économie Politique, tome. 1(Grundriss der allgemeinen Volkswirtschaftlehre, Vol. 1.)*. Paris: Giard et Briére. 1905.

Schotter, A. 1981. *The Economic Theory of Social Institutions*. Cambridge: Cambridge University Press.

Simon, H. 1987. "Satisficing." In J. Eatwell et al.(eds.). *The New Palgrave Dictionary of Economics*, Vol. 4. Londres: Macmillan.

_____. 1991. "Organizations and Markets." *Journal of Economic Perspectives*, Vol. 5. No. 2, Spring.

Skidelsky, R. 1995. *John Maynard Keynes*, Vol. 2, *The Economist as Savior 1920~1937*. New York: Penguin Books.

Tilman, R(ed.). 1993. *A Veblen Treasury. From Leisure Class to War, Peace, and Capitalism*. Armonk: M. E. Sharpe.

Théret, B. 2000. "Institutions and Institutionnalismes. Vers une Convergence des Conceptions de l'institution?" in M. Tallard, B. Théret and D. Uri(eds.). *Innovations Institutionnelles et Territoires*. Paris: L'Harmattan.

_____. 2001. "Saisir les faits: la Méthode Commons." *Cahiers d'économie politique*, No.

40~41.

Vanberg, V. 1994. *Rules and Choice in Economics*. Londres: Routledge.

Veblen, T. 1896~1897. "The Socialist Economics of Karl Marx and His Followers." *Quarterly Journal of Economics*, August 1896~February 1897(retrieved in Veblen T. 1919. *The Place of Science in Modern Civilization*. New York: Russel & Russel. 1961).

_____. 1898. "Why is Economics not an Evolutionary Science?" *Quarterly Journal of Economics*. July 1898(retrieved in Veblen T. 1919. *The Place of Science in Modern Civilization*. New York: Russel & Russel. 1961).

_____. 1899. *Théorie de la Classe de Loisir*. Paris: Gallimard. 1970.

_____. 1899~1900. "The Preconceptions of Economic Science." *Quarterly Journal of Economics*, January 1899~July 1899~February 1900(retrieved in Veblen T. 1919. *The Place of Science in Modern Civilization*. New York: Russel & Russel. 1961).

_____. 1901a. "Gustav Schmoller's Economics." *The Quarterly Journal of Economics*, Vol. XVI, November(retrieved in Veblen T. 1919. *The Place of Science in Modern Civilization*. New York: Russel & Russel. 1961).

_____. 1901b. "Industrial and Pecuniary Employments." in R. Tilman(ed.). 1993. *A Veblen Treasury. From Leisure Class to War, Peace, and Capitalism*. Armonk: M. E. Sharpe.

_____. 1904. *The Theory of Business Enterprise*. New York: Charles Scribners.

_____. 1906. "The Socialist Economics of Karl Marx and His Followers." *The Quarterly Journal of Economics*. Vol. XX, August(retrieved in Veblen T. 1919. *The Place of Science in Modern Civilization*. New York: Russel & Russel. 1961).

_____. 1909. "The limitations of Marginal Utility." *Journal of Political Economy*, Vol. XVII, No. 9, November(retrieved in Veblen T. 1919. *The Place of Science in Modern Civilization*. New York: Russel & Russel. 1961).

_____. 1914. *The Instinct of Workmanship, and the State of the Industrial Arts*. New York: Augustus Kelley. 1963.

_____. 1919. *The Place of Science in Modern Civilization*. New York: Russel & Russel. 1961.

_____. 1921. *The Engineers and the Price System*. New York: Harcourt Brace and World(tr. fr. *Les Ingénieurs et le Capitalisme*. Paris: Gordon & Breach. 1971).

Walliser, B. 1989. "Théorie des Jeux et Genése des Institutions." *Researches économiques de Louvain*, Vol. 55. No. 4.

Walras, L. 1898. *Études d'économie Politique Appliquée*. Lausanne: F. Rouge & Cie/Paris: R. Pichon et R. Durand-Auzias. 1936.

Williamson, O. 1975. *Markets and Hierarchies. Analysis and Antitrust Implications*. New York: The Free Press.

_____. 1985. *Les Institutions de l'économie* (*The Economic Institutions of Capitalism. Firms, Markets, Relational Contracting*). Paris: Interéditions, 1994.

_____. 1996. *The Mechanisms of Governance*. New York: Oxford University Press.

_____. 2000. "The New Institutional Economics: Taking Stock, Looking Ahead." *Journal of Economic Literature*, Vol. XXXVIII, September.

찾아보기

지은이 **베르나르 샤방스 (Bernard Chavance)**

1947년생이며 현재 파리 7대학 교수로 재직 중이다. 프랑스 사회과학고등연구원(EHESS) 주임연구원으로도 활동하고 있다. 주요 저서로는 *Les Réformes économiques a l'Est* (1992), *La Fin des systemes socialistes* (1994), *Capitalisme et socialisme en perspective* (1999), *Les Incertitudes du grand élargissment. L'Europe centrale et balte dans l'integration européenne* (2004) 등이 있다.

옮긴이 **양준호**

현재 인천대학교 경제학과 교수이다. 저서로는 『현대자본주의분석』(공저, 2007) 등이 있으며, "On the export-led growth in Korea and China: From a Kaldorian Viewpoint"(2003) 외 다수의 논문이 있다.

한울아카데미 1187

제도경제학의 시간과 공간

ⓒ 양준호, 2009

지은이 베르나르 샤방스
옮긴이 양준호
펴낸이 김종수
펴낸곳 도서출판 한울

편집책임 김경아
편집 최규선

초판 1쇄 발행 2009년 10월 19일
초판 2쇄 발행 2010년 10월 18일

주소 413-756 파주시 교하읍 문발리 535-7 302(본사)
  121-801 서울시 마포구 공덕동 105-90 서울빌딩 3층(서울 사무소)
전화 영업 02-326-0095, 편집 02-336-6183
팩스 02-333-7543
홈페이지 www.hanulbooks.co.kr
등록 1980년 3월 13일, 제406-2003-051호

Printed in Korea.
ISBN 978-89-460-5187-4 93320 (양장)
ISBN 978-89-460-4345-9 93320 (학생판)

* 책값은 겉표지에 표시되어 있습니다.
* 이 책은 강의를 위한 학생판 교재를 따로 준비했습니다.
  강의 교재로 사용하실 때에는 본사로 연락해주십시오.